JN127816

日本社会の活力再構築

まちづくり・流通・マーケティングからの提言

田中道雄・濱田恵三・佐々木保幸・稲田賢次［編著］

中多英二・上田　誠・栗田真樹・名渕浩史・吉川祐介・李　為
加茂英司・森脇丈子・渡邉孝一郎・松田温郎・田村公一・廣田章光
平山　弘・金丸輝康・星加ルリコ・中里皓一・杉本徹雄［著］

中央経済社

まえがき

日本経済は2012年末以降景気回復をつづけているが，わが国の経済を覆う閉塞感が除かれたとはいいがたく，とりわけ，地域経済の回復はいまだ途上にあり，中心市街地活性化や地域創生の取り組みが功を奏している地域は一部にとどまっているのが現状である。

このような認識のもとでまとめられたものが，本書『日本社会の活力再構築―まちづくり・流通・マーケティングからの提言』である。書名に体現されているように，本書は理論的，実証的のみならず実践的な貢献を意図し，以下のような３つの特徴を有している。第１に，本書はまちづくり，流通，マーケティングの３つの視角から日本の経済・社会の現状について分析していくものである。それゆえ，本書はそれら３つの領域に即して，３部構成をとっている。第２に，実践的な内容を豊富にするために，自治体職員やコンサルタントなど実務家にも参画していただいている。第３に，上述した問題意識に対応させるよう，各章の最後には，執筆者からの現状に対する「提言」を記している。

以上のような特徴をもつ本書の具体的な内容は，以下のとおりである。

第１章「まちづくりの基本枠組みと接近方法」（田中道雄）では，本書の核の１つであるまちづくりに対して，商業学的，社会学的，都市計画的な研究上の枠組みを示し，さらに歴史的視点や理論的視点，政策的視点からのアプローチを提示することで，その研究方法を組み立てている。

第２章「地域創生とまちづくり」（濱田恵三）では，近年大いに注目を浴びた地域創生を取り上げて，その概念や戦略的視座，具体例をまとめるとともに，地域創生を進めるにあたっての地域ブランドの重要性を唱えている。

第３章「内部要因からみた商店街衰退の理由と今後の展開」（中多英二）では，商店街衰退の諸要因について内部要因に絞って検討し，商店街組織のあり方に触れながら活性化策を提示している。

第４章「シティプロモーションと自治体の水平的競争」（上田　誠）では，近年拡大している自治体のシティプロモーションを取り上げて，４つの領域からその意義を論じている。

第５章「商店街研究の社会学的意義」（栗田真樹）では，社会学の観点から商店街を研究する切り口を提示するとともに，高等教育と商店街研究の関連について言及している。

第６章「商店街組織の課題再考―組合員の離脱と組織の環境整備について―」（名渕浩史）では，商店街組合等組織からの個店の離脱問題を取り上げ，フリーライドに伴う組織の弱体化とその現代的対策について論じている。

第７章「商店街における地域資源活用とブランド構築の戦略課題」（稲田賢次）では，人口減少が商店街等地域商業に及ぼす影響を考察し，商店街の魅力を高めるために，地域資源および地域ブランドを活用する意義やそのフレームワークを提示している。

第８章「文化資本を活かした商業まちづくり」（吉川祐介）では，都市のジェントリフィケーションについて論じた後，神戸市湊川地域の取り組みを素材として「新しい商業者」の出現について言及している。

第９章「北京のまちづくり」（李　為）では，古い町並みを有する都市のまちづくりについて，その困難さと近年の取り組みを中心に，北京市の都市政策を通して考察している。

第10章「地域商業振興政策とボランタリー・チェーンの発展」（佐々木保幸）では，地域商業振興政策の課題を検討した後，小売商業連鎖化事業の歴史と現状を素描し，その現代的意義を提示している。

第11章「流通構造決定要因の時系列分析」（加茂英司）では，時系列によって異なる流通変数の抱える問題を取り上げて，非定常性概念の重要性を提示している。そして，市場成長率と個人商店シェア変化率との相関に対して独自の検証を展開している。

第12章「フランス小売業におけるe-commerceの急成長と小売店への影響」（森脇丈子）では，近年におけるフランスのe-commerceの発展について，書籍等文化的商品分野と衣料品分野を中心に考察し，それらの分野における最近の対応や変化に関して論証している。

第13章「関係性を基軸とした商人家族研究の深化」（渡邉孝一郎・松田温郎）では，商人家族を創造的競争主体として位置づけ，これまでの研究を整理した後，商人家族の内部構造と事業承継について論じ，さらに非家族従業者を含めた研究展開に言及している。

第14章「ブランドの価値提案と階層性に関する一考察」（田村公一）では，D.アーカーのブランド論に依拠しつつ，記号論の観点からブランド価値提案を検討し，ブランドの階層性と相互依存関係について考察している。

第15章「デザイン思考型マーケティングによる市場創造―ナガサワ文具センター『Kobe INK物語』―」（廣田章光）では，縮小しているインク市場の市場創造プロセスについて，「創造的循環」「対話とインサイト」「実験的行動」のキーワードを使い明らかにしている。

第16章「現代ジーンズに求められるブランド価値とは何か―京都デニムの伝統と革新の観点から―」（平山　弘）では，京都ブランドを素材にブランド価値について，基本価値・便宜価値，感覚価値，観念価値の３つの側面から検討し，ブランド価値の本質を価値浸透度と時間の深まりを基軸に論じている。

第17章「レッドブルのブランド・パーソナリティ」（金丸輝康）では，ブランド・パーソナリティ論を確認した後，レッドブルのブランド・パーソナリティについて製品関連特性と製品非関連特性から検討し，最後に消費者の認識に言及している。

第18章「神戸ビーフのブランドコミュニケーション」（星加ルリコ）では，神戸ビーフを題材にして，顧客ターゲットと差別化戦略を中心にブランドコミュニケーションの構築について検討している。

第19章「“リアルな”実践型マーケティングと３つのI.M.―新しい３K，3Cの役割と重要性―」（中里皓一）では，中小企業マーケティングを取り上げて，インターナル・マーケティング，インタラクティブ・マーケティング，インターオーガニゼーショナル・マーケティングの重要性を唱え，最後に経営者満足について言及している。

第20章「買物空間における消費者心理とマーケティング」（杉本徹雄）では，消費者の買物行動研究の基本的枠組みを提示し，買物行動への消費者の動機づけや感情の役割について論じている。

このように多様な内容から構成される本書は，第１章の執筆を担当していただいた大阪学院大学教授の田中道雄先生の古希を記念して企画された。本書の

３部構成は，それ自体，田中先生の研究の射程でもある。わが国が抱えるさまざまな問題に対して，それら３つの領域から分析ならびに「提言」を行ったが，その有効性については，多くの読者の判断を待ちたい。

なお，専門書の出版が年々難しくなっているが，本書の趣旨を理解し出版を快く引き受けていただいた㈱中央経済社ホールディングス会長の山本継氏および㈱中央経済社経営編集部編集長の納見伸之氏に御礼申し上げる次第である。

2018年９月

編者一同

■日本社会の活力再構築

目　次

第3章
内部要因からみた商店街衰退の理由と今後の展開 —— 23

第4章
シティプロモーションと自治体の水平的競争 —— 33

第5章
商店街研究の社会学的意義 —— 43

第8章 文化資本を活かした商業まちづくり

第9章 北京のまちづくり

第Ⅱ部
流通編

第10章
地域商業振興政策とボランタリー・チェーンの発展

第11章
流通構造決定要因の時系列分析

第20章 買物空間における消費者心理とマーケティング - 203

第 I 部

まちづくり編

第1章

まちづくりの基本枠組みと接近手法

1　はじめに：基本枠組みと接近手法

まちづくりという事象を考えるにあたり，筆者はかつて，3つの視点を合わせて，まちづくり全般の基本枠組みを描いた[1)]。すなわち，それは商業学的視点，社会学的視点，そして都市計画的視点の3つである。まちづくりは，これら異なった視点ごとに，多様な特性をもつが，しかしまたその3つが重なる核としての部分で，「まちづくりは生活環境向上における総体的な結果」として捉えられる。

もちろん，まちづくりを考えるにあたって，単にこれら3つだけでなく，他の側面からのアプローチも考えられるであろう。しかしこれら3つは，ABC分析でいえば明らかにAに分類される主要な要素である。ただABC分析でCに分類されるロングテールにもみられるように，実はその残された部分にこそ，まちづくりの本質が潜んでいる可能性もある。

まちづくりの究極的目標は，地域に住む人達の最大多数の最大幸福の追求である。しかし現代のように，住民の価値観が多様化すると，すべての人が満足しうる取り組みそれ自体が困難となる。たとえば街灯に関し，「歩行の安全を考え夜遅くまで点灯して欲しい」という要望があれば，「窓の外が明るく睡眠を妨げるので，早く消灯して」という静かな環境を求める要望もある。また，

「街路樹が繁っているので景観や環境が優れている」という声があれば，「落ち葉が自宅の庭に落ちるので早く樹木を剪定して欲しい」という要望もある。「商店街やスーパーがすぐ近くにあるので便利だ」という人もいれば，「すぐ近くだから車が多く交通面で危険なうえ何かと煩雑」という声もある。コンビニエンスストアの進出でも，便利さと治安の二律背反的な問題が指摘される。いわば，これらさまざまなことが，地域住民それぞれによっては利益相反となる。

しかも，社会的移動がますます頻繁となることで，地域の状況は一面的ではなく常に変化している。それゆえ，市民意識の変化をどの時点，どの視点で捉えるかで，まちづくりは多くの問題に直面する。見た目は同じようでも，住民の転出入頻度が高い地域では，そのニーズは常に流動しているといってよい。

本章では，３つのアプローチによる基本枠組みを再考し，加えて歴史，理論，政策の方向から問題を考察することで，まちづくりの課題をより実践的に浮かび上がらせたい。

2 まちづくりの基本枠組み

(1)　基本枠組みを構成する３要因

商業学的，社会学的，都市計画的なアプローチの三者を再考すれば，図表１-１に示すような関係と捉えることができる[2)]。

この場合，３つのまちづくりアプローチは，

a．それぞれの分野が「独自の単独部分」と「隣接アプローチと重なる重複部分」，そして，「三者すべてに該当する核としての共通部分」をもっている。

b．商業と地域社会の関係は，まちづくりを通して利害の一致をもつと同時に，売買取引き関係の点で，時に商業は地域社会と利益相反を有する[3)]。

c．地域社会は都市計画の遂行によりさまざまな側面で影響されるが，とりわけ社会環境変化の影響が大きい[4)]。

d．都市計画と商業の関係は，駅前の商業密集地再開発等にみられるように，商業との関連がその成果発揮の鍵を握っている。

図表1-1　まちづくりの三者関連構造

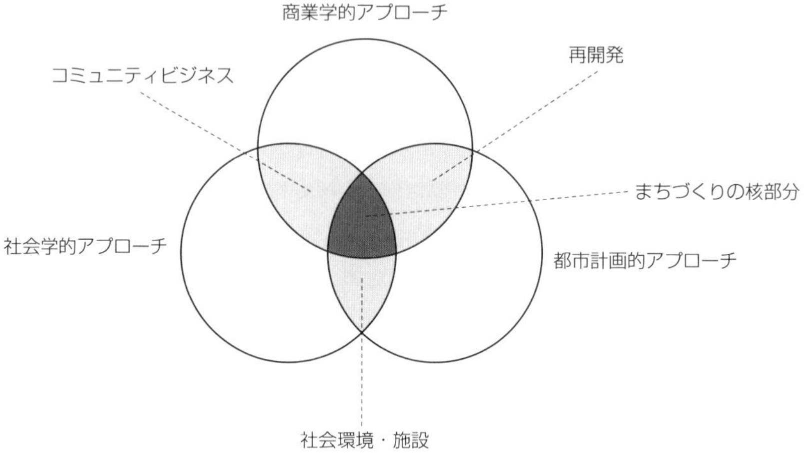

出所：田中［2006］21頁

e．商業を中心としたアプローチの成果は，商圏となる地域社会とのコミュニケーションの水準に関わる。

f．三者のコア部分として，地域における住民生活環境の向上が中心項目となる。

究極のまちづくりとは，この商業学的，社会学的，都市計画的アプローチの3つの側面を総合したものである。そしてそれら各々のアプローチには，長期的な目標とは異なる短期的な目的がある。

商業学的まちづくりでは，地域や組織の実態を明らかにすること自体が目的ではなく，それがどのような構造であろうとも，まず実践として経営活動を推進することが求められる。

社会学的まちづくりでも，地域研究にみられる客観的な対象把握とは異なり，地域社会でどのように生活環境を改善していくかの具体的取り組み全般が対象となる。

都市計画的まちづくりもまた，その事業遂行にみられる技術的志向の強い視点だけでなく，個人行動をも含めた地域社会の仕組みと関わる点を明らかにしていかねばならない。

その意味で，まちづくりに関しては，すべての分野でプロセスオリエンティッドな方法が重視される所以がある。

(2) 成果測定の難しさ

まちづくりを考察するにあたりもっとも難しいのは，まちづくりに取り組むための成果を，どのように測定するかという問題である。図表1-2に示すように，まちづくりは分野ごとで成果測定のポイントが異なる。

商業学的視点のまちづくりでは，その成果は街区の繁栄度合いにより把握される。ただ実際は，商店街の個別店売上高を把握することは難しく，代わりに通行量が便宜的に使われる。そこから，商店街のマーケティングは直接的な資料を使ってなされるのではなく，間接的でおおまかな数値に基づきタイムラグを伴いつつなされる。他方，SC（ショッピングセンター）では，テナント店舗の売上高は，集中レジによってリアルタイムで明らかになる。SCでは，これら日々の売上高の動向を的確に把握することで，迅速に販促がなされたり，テナントの入れ替えにより，弱者は淘汰される。結果として，SCの競争力が維持される。

社会学的視点からみれば，地域コミュニティにおけるまちづくり成果を知るには，地域における生活の充足度や満足度を測定する必要がある。しかし，この生活満足度の指標は，人により，地域によりさまざまであり，正確につかむことはなかなか難しい。ただSD法などの心理学的な手法により相対的に把握することは可能である。社会の成熟化が進む今日，地域住民の価値の多様化により，とりわけ社会学的な測定は，多くの困難に直面する。

図表1-2　まちづくりの分野毎の特質

	商業学的なアプローチ	社会学的なアプローチ	都市計画的なアプローチ
1．観点	営業	社会的活動と構造	快適生活環境
2．意義	営利追求	非営利	公的
3．空間認識	商業地周辺・商圏	地域社会	地域から都市全体
4．成果測定	通行量，売上高	充足度，満足度	建設進捗整備状況
5．課題	利害の相反	価値の多様性	個別視点の限界
6．新たな動向	地域利益の取り込み	住民運動	人間中心のあり方

出所：田中［2006］16頁を修正

都市計画的視点のまちづくりは，ある意味ではもっともわかりやすい。その成果は，まちづくりの事業進捗度ではかることができる。ただ，個別事業としての都市計画ならそれも可能だが，地域全体をより住みやすく改善しようと考えるなら，単に事業の進捗度のみならず，事業それ自体が，地域ニーズや事情にどうフィットしているかということも大切だ。かつてのように，何でも新しく近代化すれば満足できる時代は過ぎ去った。伝統的で高質的なまちづくりは，単純な再開発とは異なる意味をもっている。

3　基本枠組みへの接近手法

これまで示したまちづくりの基本枠組みを，より包括的に考察するには，対象に対する何らかの接近手法を構築する必要がある。当然それには，さまざまな接近手法が考えられるが，本章では社会科学の本質に立ち戻り，歴史的視点，理論的視点，そして政策的視点の３つのアプローチからまちづくりの問題を眺めてみたい（図表１-３参照）。

(1)　歴史的視点からの接近

まちづくりは，地域に一定の人口集積がなされた段階から，その地域の住み

図表１-３　３要因と歴史・理論・政策

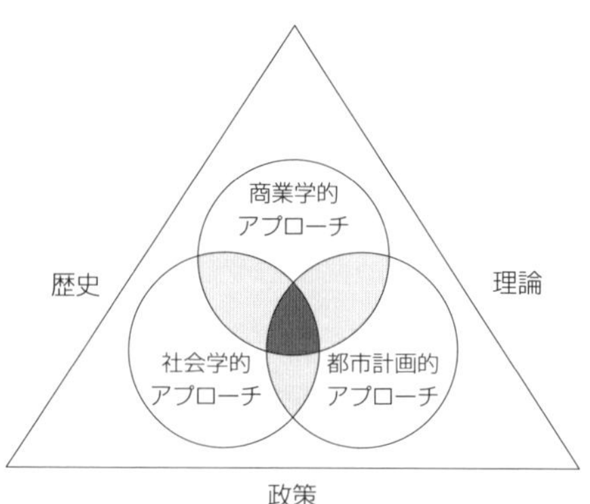

出所：筆者作成

易さを求めて延々と継続されてきた取り組みである。磯田道史氏は災害との関連を通して，言い伝えられてきた歴史を検証している[5)]。それはまさに，地震や津波，あるいは山崩れ等による災害に直面し，そこからの復興を通して営まれてきた継続的なまちづくりを示している。

こうした地域一体となった取り組みとは別に，各地には必ず地域中興の祖とでも言うべき為政者や偉人の話が伝わり，今日にまで連なるまちづくりの歴史が語られる。たとえば，備中松山藩における山田方谷[6)]や米沢藩の上杉鷹山[7)]の存在は，あくまでも上からの地域改革としてのまちづくりであるが，現在もなお識者により語り伝えられているし，磯田が指摘する仙台藩の事例などはまさに下からのまちづくりそのものである[8)]。

しかし，現代にまで伝えられている少数の事例を除いて，無数のまちづくり努力は，多くの場合，忘れ去られてきた。その意味で，まちづくりの歴史は，まさに「風化」との戦いである。

この歴史的視点による接近は，我々に多くのことを語りかける。それはまちづくりを進めるにあたっての「地域風土」の重要性である。筆者が両方に関わった滋賀県のまちづくりを代表する長浜と彦根の成功例が，そうした点をよく物語っている。

長浜は，かつては羽柴秀吉の治下にあったが，江戸期においては彦根藩井伊家の支配下にあった。しかし藩は町人による商業都市として長浜の発展を図った。そこから，長浜縮緬，国友鉄砲や火薬をはじめとする商工業が発達し，開かれた商人のまち，職人のまちとして栄えた。他方，彦根は明治維新までの二百数十年間，彦根藩井伊家の城下町であり政治都市としての役割を果たした。その影響は，近年においても閉鎖的なまちの雰囲気を濃厚に残してきた。こうしたまちの成り立ちや歴史は，同じ井伊家が支配したにもかかわらず，現代においてもそのまちづくりのあり方を大きく左右する。

近年の長浜のまちづくりは，市民と市が一体となって，黒壁ガラス館に代表される下からのまちづくりを進めたが，彦根は都市計画による街路拡幅をテコに，上からのまちづくりに成功した。換言すれば，それは町人のまちと封建領主直轄のまちとの気質の差異が，現代にも継続していることを示唆する。その意味で，選択されたまちづくりの手法は，まさに地域のもつ特性に沿ったものだったといえようか。

今一つの事例として，阪神・淡路大震災後の神戸市民の行動をあげることができる。筆者は，ここでも震災後の復興まちづくりに広範に関わったが，とくに興味深いのは，地域ごとの住民のメンタリティであった。代表的な神戸市東灘区と長田区の差異を簡単に眺めてみよう。

東灘区は，神戸市の東端にあり芦屋市と接している。震災前から，外来移住者が多く，隣は隣であり，隣人間の交流が薄いとされてきた。他方，長田区はディープ神戸ともいわれ，長期居住による人間関係が濃厚な地域として知られる。これら２地区の震災後の活動の差異は際立っていた。東灘区は，大阪に近く大企業の支援もあり，震災後旬日を経ずして，小学校区を中心に支援物資の配給網が形成され，地域の残存住民に対する支援物資の配給が早期に開始された。他方，長田区では，大火災の影響もありこうした仕組みの形成が遅れ，支援物資の配給は東灘区に較べ，大きく立ち遅れた。

その背景として，個々の住民の自立性の程度が大きく影響したのではないかと思われる。東灘区では，日頃の交流は少ない。それは個人の自立性が高く，相互依存度が少ないことを示唆する。それはまさにサラサラとした「砂」のような存在だが，一旦緩急あれば，一挙に組織化され，セメント化する。大仰にいえば，そこでは既に個の自立とコミュニティが成立している。

他方，長田区では，日頃からの町内づきあいは濃厚で，まさに土団子のように固まっているが，団子と団子の交流，すなわち，域内関係に較べ域外との関係は希薄である。当然，依存関係に強く引き摺られ，指示待ちが続き，震災後のような新たな環境での雑多な人々の新組織構築は遅れる。まさにそこでは，村落共同体の残滓が感じられる。こうした点から考察すれば，復興に関するさまざまな事象にも，地域ごとの特性が大きく影響したであろうことが予測できる。

我々はまちづくりのあり方を考えていくうえで，こうした地域や都市がもつ歴史的な特性を十分に理解し，問題解決の方途を探らねばならない。

(2)　理論的視点からの接近

まちづくりを理論的に捉えるために，本章で触れた３要因を使って，問題に接近したい。

まず，商業学的要因は，個店経営で対応できない部分を委譲する形で商店街経営へと変化し，そこからさらに徐々に範囲を拡げ，地域へ働きかける形でまちづくり体系を構築する。しかし，商業まちづくりの基本は，どこまでいっても個別経営にあり，まちづくりの有りようは個別経営の成果と意思決定に左右される。ただ，生態論的にいっても，商業は商店街を取り巻く地域という環境の動きを無視することはできない。それゆえ，個別経営がその存立を意識すればするほど，環境適応としてのまちづくりを要請されるのである。

それは社会学的なまちづくりでも同様である。生活快適追求としての社会学的なまちづくりは，やはり地域住民の欲求に答えるものでなくてはならず，それは当該地域と隣接する住民のニーズとは乖離したり利益相反することもある。いわば，理念型としてのまちづくり一般の存在とともに，あくまでも当該地域の住民ニーズに基づく具体論としての生活快適の追求という基盤が存在しているのである。

都市計画的まちづくりでは，地域特性により若干の差異もみられる。都市計画的まちづくりの求めるものは，地域特性に応じた都市機能の高度化とコストパフォーマンスであり，そこでのニーズは全住民共通のものとは乖離することが多い。老朽住宅に住む多くの住民は，その成り立ちから得た低廉で近隣友好的な環境を好むが，行政の立場は防災街区の建設による地域の安全性向上のニーズに押される。阪神・淡路大震災以前の長田地区の動向は，まさにこうした住民と行政が利益相反するニーズのなかにあった。

以上，大きく３つの要因に分けられたまちづくりの究極目標は，一義的には地域住民の生活快適性の追求であるが，そこにその一端を担う商業サイドの購買代理人の役割発揮とその再生産可能性の確保および地域特性を十分に勘案した都市機能整備のコンセンサスが必要となる。たとえば新興都市の駅前開発のあり方と京都市のような歴史都市の街並形成が同じであるとは考えられない。そこには，都市や街がもつ，歴史的形成と政策的な要請を折り込んだ理論的な整合性が必要なのである。

(3) 政策的視点からの接近

まちづくりに関する政策的な接近は，各地の行政でなされている。ここではわが国最初のまちづくり条例として知られる京都市のまちづくり条例を取り上げてみよう。

2000年6月，全国に先駆けて施行された「京都市土地利用の調整に関わるまちづくり条例（以下，まちづくり条例）」は，全国に大きなインパクトを与えた。しかし，当初の五條地区への大型店進出ではさまざまな問題が噴出したものの，それが過ぎると十数年は，ほとんど休眠状態となった。このまちづくり条例が再び陽の目を見たのが，2013年の左京区高野地区への娯楽施設の進出計画であった。

それを契機とし，時代変化を勘案した条例改正により，新たに幾つかの要素が付け加えられた[9)]。その内容を簡単に示すと，対象とする建築物の拡充で新たに遊技場などを付け加え，審査機能の強化ではさらにまちづくりの方針を追加した。また，意見調整の仕組みの充実では，住民意見提出の機会を拡充し，周辺住民のニーズに応じた説明会や開発事業者の見解に対する再説明とともに，開発事業者のみならず周辺住民の責務をも明確にした。いわば，商業的な視点のみならず，地域をより快適にするためには，地域住民にもこうした権利とともに義務が発生することを打ち出したといえよう。

京都市に限らず，まちづくりは時代の変化とともに新たな課題に直面する。その時，右往左往することなく，理念に裏付けられた政策姿勢を一貫して持続するならば，後追いになったとしても微調整を続けながら事態改善の取り組みがなされていくのである。

近年，まちづくりは地域創生の流れに乗り，シティプロモーションという形で対外的なアピール等が喧伝されている。しかし，まちづくりはあくまでも地域の住民がより良き生活をめざすためになされる活動である。少子高齢化の時代，各地でみられる危機意識はますます，コンパクトで効率的なまちづくりを求めている。そこでは，感情的愛着[10)]に裏付けられたシビックプライドをもつ地域住民の存在が鍵を握っているのである。

4 最後に提言：まちづくり論の前進に向けて

まちづくりに関わって多くの研究が進められている。そこではわが国各地の事例や世界のまちづくり事例が蓄積され提供されている。しかし，まちづくりの本質を基本的に考える動きは，まだまだ多いとはいえない。

本章では，まちづくりを考えるにあたっての基本的な枠組みと接近手法について考えてみた。そこで示されたのは，商業学的，社会学的，そして都市計画的な要因に加えて歴史的視点，理論的視点，および政策的視点からの接近手法であった。これらの要素をかけ合わせ，あるいは統合してまちづくり課題解決の科学的手法の手がかりを得ようとするのが本章の目的であった。問題は，こうしたまちづくり論前進のために，今後，如何なる点に注目すべきかである。

まちづくり論は，もともとビフォー・アフターの観点からアクセスされているため，当初から時間概念を内包している。今後は，その時間概念のなかで変化する対象を構造的に把握する努力が必要である。本章で示したように外観的なアプローチである商業学的，社会学的，そして都市計画的な要因と歴史的視点，理論的視点および政策的視点を組み合わせ，整理していくことが求められているのではなかろうか。

同時に，まちづくり論のもっともコアとなるまちづくりアクターの存在に，より一層注目する必要がある。そこでは，まずヒトのネットワーキングシステムの解明がなされねばならない。とりわけ域内人材と域外人材との交流が，異質性を加えることで開花し，結果として如何なる成果を導くのかは興味ある対象でもある。また，まちづくりを促進する媒介物の存在として，ソーシャルプロダクトを通し，地域の特性に根ざしたシンボルの設定や取り組みの効果測定がうまくなされれば，今後のまちづくりを考えるうえでの大きなインセンティブとなろう。

（田中　道雄）

注

1）田中［2006］21頁。
2）同前。
3）田中道雄［2004］「商店街と地域社会」白石善章・田中道雄編著『現代日本の流通と社会』ミネルヴァ書房。
4）古く名古屋市の都市計画道路による地域コミュニティ崩壊の事例を出すまでもなく，道路や鉄道などの切断線が原因となって地域コミュニティが切断されることにより変質した地域社会は枚挙に暇がない。
5）磯田［2014］。
6）田中［2010］。
7）内村［1995］。
8）磯田［2015］。
9）京都市土地利用調整審査会配布資料。
10）田中・テイラー・和田［2017］19頁。

引用・参考文献

磯田道史［2014］『天災から日本史を読みなおす―先人に学ぶ防災』中公新書。
磯田道史［2015］『無私の日本人』文春文庫。
内村鑑三・鈴木範久訳［1995］『代表的日本人』岩波文庫。
白石善章・田中道雄編著［2004］『現代日本の流通と社会』ミネルヴァ書房。
田中道雄［2006］『まちづくりの構造―商業からの視角』中央経済社。
田中道雄［2010］「時代の要請としての地域ブランド」『商経学叢』第56巻第３号。
田中道雄・テイラー雅子・和田聡子編著［2017］『シティプロモーション―地域創生とまちづくり』同文舘出版。

第2章

地方創生とまちづくり

1 はじめに：なぜ今，地方創生なのか

地方創生という言葉は，テレビ，新聞，書籍や雑誌，電子媒体（SNS他）などで聞かない日はない。とりわけ近年，わが国の人口減少・少子高齢化が深刻な社会問題となっている。さらに，日本創成会議・人口減少問題検討分科会（座長　増田寛也）が提唱した「消滅可能性都市[1]」など，わが国の地方自治体を取り巻く環境は，厳しい状況に置かれている。

そこで本章では，国（内閣府）をあげて取り組まれている「まち・ひと・しごと創生法（地方創生法）」を前提にしながらも，国の政策だけに囚われず，地方自治体の独自政策も含めて，地方創生とまちづくりについて考察する。

そこでは，先進事例を真似るだけでなく，地域独自のまち資産を生かした地方創生のあるべき戦略的視座や具体的戦略と併せて，地方創生を推進する主体（担い手）のあるべき姿などについて考察を深めることにする。

2　地方都市の概況と地方創生の概念

(1)　地方都市の概況

図表2-1に示したように，わが国は人口減少・少子高齢化が顕著になり，2050年には人口が1億人を割込み，2070年には8,600万人程度に減少すると推測されている。同様に，高齢化率は2050年には3割強，2070年には4割弱と推測されている。とりわけこの傾向は，大都市より地方都市において顕著な構造的課題となっており，人口減少や高齢化により，経済成長の衰退を招き，地方都市は更なる負のスパイラルに陥ることになる。

このような状況を打破するために，地方創生が全国的に注目され，地方創生法などの政策が施行されているが，一部の地域を除いて地方創生へ向けた取り組みが強力に推進されているとはいえない。

図表2-1　日本の人口推移と将来推計人口

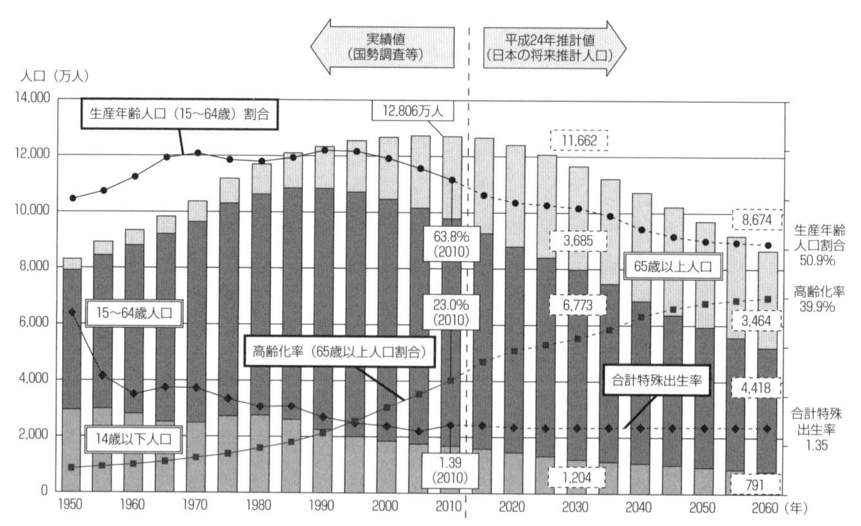

出所：国土交通省（日本の人口推移と将来推計人口 2012年推計）

(2) 地方創生の概念

地方創生とは，地方都市の人口減少・少子高齢化に歯止めをかけ，地域の活力と魅力を創出し，地方都市を元気づけるまちづくりであり，これらを促進するために国（内閣府）は，2014年に「まち・ひと・しごと創生法（地方創生法)」を制定し，「まち」「ひと」「しごと」に関する戦略を一体的に推進するとしている。そこでは，①「東京一極集中」を是正する，②若い世代の就労・結婚・子育ての希望を実現する，③地域の特性に即して地域課題を解決することを基本的な枠組みとしている。

これらを推進するために，魅力ある地方都市の再構築を目指して，定住人口減少の歯止めをはじめ，移住人口の促進，就業（雇用）機会の創出，子育ての促進と併せて，地域独自の魅力あるまちづくりへ向けて，多様な人材の育成などがキーワードになっている。

次節では，これらの視点を踏まえて，地域独自の地方創生へ向けたまちづくり戦略を考察する。

3 地方創生へ向けた戦略的視座

(1) 都市規模・立地特性別にみる戦略的視座

地方創生を論じる時に必要不可欠になるのは，都市の人口規模や立地特性，その都市の歴史・文化・風土などの蓄積度であり，これらを無視して，戦略を構築することはできない。

図表２-２　都市人口・立地特性別にみた戦略的視座

	人口数千人～１万人以下	人口数万人～数十万人
農村・漁村	定住・移住促進，農・漁業振興他	定住・移住促進，観光振興
地方都市圏	定住促進，地域ブランド，観光振興他	産業促進，地域ブランド，観光振興他
大都市近郊	定住促進，子育て・教育・福祉他	子育て・教育・福祉，住環境整備他

出所：筆者作成

図表2-2で示したように，人口１万人以下の都市と数万人以上の都市では戦略が異なるし，都市の立地特性でもその戦略的視座は異なる。

しかし，これまで取り組んできたまちづくりの実践体験からいえば，地方創生においてもその都市の文脈（意味付け）で異なり，その都市の数だけ戦略が存在するといえよう。まさしくそれは，地域ごとの最適状態化を創出する「ローカル・オプティマム」戦略が余儀なくされる。

その意味でいえば，潜在的な地域固有の資産の有効活用はもとより，地域に眠るまち資産を掘り起こして，その地域独自の魅力を生かした地方創生戦略が必要不可欠になる。

(2)　地方創生の新たな戦略的視座

地方創生においてまず必要となるのは，定住人口減少の歯止め策と産業（雇用）の促進などの構造的課題を解決することが必須であるが，もはや限界があることも否めない。そこで近年注目されているのが，都会などからの若い世代の移住促進である。地方都市には，都会で味わえない豊かな自然環境や地方都市独自の歴史や文化などが内包されている。これらをさらに魅力武装することで新たな地方創生の戦略に結び付けることができる。

さらに，定住人口の減少を補うためには，国内外からの交流人口を促進することが必要不可欠な戦略になる。とりわけ近年，わが国を訪れるインバウンド客（訪日外国人）が急増し，2014年度の1,341万人から2015年度は1,974万人，2016年度には2,404万人，そして2017年度は2,869万人と増加しており，ここ数年の伸び率は驚異的である。さらに今後もこの傾向が続くと予測されており，2020年の東京オリンピック・パラリンピックの開催年度には，4,000万人と推計されている。

そこでは，東京・大阪などの大都市や京都，奈良などの観光都市だけでなく，地方中小都市にも観光客が多くみられるようになり，地域創生においては千載一遇のチャンスを迎えているといえよう。

国土交通省観光庁の試算によると，定住人口１人の年間消費額は124万円であり，これを観光来訪者の消費額に換算すると，日帰り客は83人，宿泊客は26人，海外客は10人に匹敵するといわれており，都市経営の視点からみても交流人口の促進は地方創生にとって重要な戦略になる。

もとより，海外からの観光客だけでなく，定年を迎えた団塊世代や旅行好きの国内観光客に向けて，地域独自の魅力に磨きをかけ，PRすることによって，更なる観光来訪者の誘引が期待できる状況にある。

そのためには，地方都市独自の魅力を生かした観光まちづくりの推進に向けた取り組みが望まれる。とりわけ地方中小都市の多くは，大都市と比べて近代化や都市化が思うように進まなかったがゆえに，地域固有の歴史・伝統・文化や，古き良きまち並み・建造物が残されている地域でもある。さらに，地域独自の食文化や祭りなども内包されており，これらを生かした観光まちづくりの推進は地方創生の有効な処方箋になる。

何故なら都市の魅力は，定住人口と交流人口の総和によって，その都市の優勝劣敗が決まるといわれているからである。その意味でいえば，地方創生へ向けた重要な都市マーケティング戦略になる。

4　地方創生にみる具体的戦略の考察

(1)　定住・移住促進による地方創生

地方創生において，定住人口減少に歯止めをかけるためには，就業（雇用）機会の創出が必須である。何故なら，住み慣れた故郷を離れて都会などへ行かざるをえない大きな理由は，その地域に働く場所が少ないからである。これらが地方都市の人口減少に歯止めがかからないもっとも大きな要因である。

これらを解消することは至難の技であるが，地域に根付いた地場産業のブランド力の向上，既存産業としての農林漁業や商工業との農商工連携による６次産業化による魅力づくりが必要不可欠になる。しかし，これらを実現するには，地域のしがらみや産業間の軋轢などの構造的課題を解決することが不可欠であり，その対応が困難を極めていることも否めない。

そこで近年，新たな産業創出の一環として，地域外からの若者の移住促進が着目されている。とりわけ，徳島県神山町の移住プロジェクトが注目されている。神山町は，人口約5,200人の地方中小都市であるが，スモールベンチャー（田舎ビジネス）による新たなビジネス（なりわい）の経済活動拠点として，都会からの若者の就業を通して地方創生に取り組んでいる。そこでは，田舎ならではの自然環境をアピールし，IT関連などのクリエイティブクラス（創造的人材）の若者の誘引に成功している。

もちろん，これらの成功へ向けては，行政の情報武装化などのインフラ整備や，地域に眠る空き家や空店舗の再利用を地元事業者や地域住民（NPO他）が斡旋するなど，地域をあげて取り組んだからである。

また，千葉県流山市では，定住人口の促進に向けて，子育て，教育，住環境整備に力点を置いた取り組みがみられる。流山市は，人口15万人規模の都心の近郊都市であるが，社会問題化している保育園や学童保育所の整備と併せて，良質な住環境整備に取り組んでいる。“母になるなら，流山市”“父になるなら，流山市”をテーマに「都心から一番近い森のまち」として，「住んでみたいまち」のシティプロモーション戦略によって，10年で２万人以上の定住人口を増加させた。

そこでは，日本初のマーケティング課を開設し，その後さらにシティセールス室を設置して，住みたいまちへの魅力づくりと存在感をアピールしたことが，定住促進に結び付いたといえる。もとより，これらの事例は特異ではあるが，衰退する地方中小都市の生き残りをかけた地方創生の処方箋になる。

(2)　地域ブランドの構築による地域創生

地域活性化や地方創生戦略として近年，地域固有の資源を活かした地域ブランドの構築が全国的に注目されている。そこでは，地域の産業起こしとして，地域独自のものづくり（特産物他）への取り組みがみられる。

これらの先進事例は，高知県馬路村（人口約900人）の特産品である柚子を活かした食品加工（ポン酢やジャム他）による通信販売や，徳島県上勝町（人口約1,500人）の枝や木の葉による「ツマモノ」の都会の料亭への販売など，辺境の地から生まれた中山間地域の産業起こしである。

これらが起爆剤となり，2006年にB級グルメの祭典「B-１グランプリ[2]」の開催や，地域名と商品名を組み合わせた「地域団体商標制度[3]」が施行されることによって，地域ブランドによる地域創生が注目されている。

なお，ここでいう地域ブランドとは，「地域発の商品・サービス」と「地域イメージ」を結び付け，地域の活力や魅力付けを行い，地域経済の活性化を図る手法である。

しかし，これまでの取り組みは，ものづくり（特産物他）に傾斜した地域ブランドの構築に終始してきたことは否めない。本来，地域ブランドは地域固有の「モノ（特産物他）」だけでなく，「コト（祭りやイベント他）」や「バ（まち並みや建造物他）」を含めた，地域の総合的なブランド価値の構築が必要不可欠になる。

これらの先進的な取り組みは，兵庫県伊丹市でみられる。伊丹市は，人口約20万人の商工住が混在した地方都市であるが，古くから酒造業が栄えた。“清酒発祥の地”であることから，酒関連のものづくり（酒粕うどん，酒スイーツ他）をはじめ，酒蔵風情が残るまち並みや建造物を活かした酒蔵通りへのまち並み景観形成と併せ，酒関連イベント（蔵まつり，酒蔵夜市，バル他）を複合した都市ブランドの構築によるまちづくりに取り組んできた。

その結果，近接する地域に出店してきた大型商業施設（SC）との個性的棲み分けに成功し，魅力ある中心市街地として再生した。もとより，地域創生に向けては，行政や商工会議所，地元事業者や地域住民（NPO他）との連携・協働があったことはいうまでもない。

このように，地域独自のまち資源を有効活用した地域ブランドの構築による

伊丹酒蔵通り

出所：筆者撮影

伊丹バル

出所：筆者撮影

まちづくりは，地方創生の有効な戦略になる。

(3) 観光まちづくりによる地方創生

前述したように，地方創生に向けて定住人口の減少を補うために交流人口増加を促進するには，地域へ来訪者を誘引する観光まちづくりの推進が必要不可欠になる。とりわけ近年，インバウンド客（訪日外国人）が急増しており，これらの観光客の取り込みと併せて，国内の観光客の誘引が不可欠になる。

そのためには，従来の「発地型観光（旅行社などが企画・運営するパッケージ観光)」だけでなく，地域の人々しか知り得ないまち資源の発掘・発信による「着地型観光」，農業や漁業などの体験観光や近代遺産巡りなどの産業観光の推進も地方創生へ向けた有効な戦略になる。

また，映画やTVドラマなどで有名となった撮影場所を訪れる「スクリーン・ツーリズム」，芸術（アート）や音楽などを活かした「アート・ツーリズム」，博物館や美術館をまち歩きなどで巡る「ミュージアム・ツーリズム」などの新たなツーリズムもみられる。

近年，このような地域の観光振興を促進するために，地域をあげて組織的に事業を推進する「DMO（Destination Management Organization)：観光地経営組織」が注目されている。DMOは，国内客やインバウンド客などの誘引に向けて観光地を振興させる推進組織としての役割を担っている。

このように，交流人口の誘引策としての観光まちづくりの促進は，地方都市の再生や創生において有効な戦略になる。

5 地方創生へ向けた推進組織の考察

(1) 地方創生に向けた推進組織

地方創生を推進するために，地方自治体（行政）が先導的役割を果たすことはいうまでもないが，これまでのまちづくり政策をみても行政だけに任せるだけでは十分な成果を収めることは難しい。

そこでは，行政がビジョン（総合戦略）を策定しても，明確な推進組織が確立されなければ“笛吹けども踊らず”の事態に陥ることになりかねない。

まちづくり３法の中心市街地活性化法（中活法）の推進母体として位置づけられた「TMO（Town Management Organization）：タウンマネジメント機関」や改正中活法の「中活協議会」でもみられたように，推進母体が機能せず，具体的な事業が推進されなかったという苦い経験がある。

このような状況に陥らないために，内閣府では「地方創生人材派遣制度」を設けて，地方創生に積極的に取り組む市町村に対して，意欲と能力のある専門家（公務員，大学教員，民間人材他）を市町村の補佐役として派遣する「地方創生カレッジ」を創設している。

また，行政内に「地方創生課」などを設置して，積極的に事業に取り組む推進体制を強化している自治体もみられる。また，地域おこし協力隊による人材派遣制度なども一定の成果を収めている。

前述したように観光まちづくりの推進組織として「DMO（観光地経営組織）」による観光ビジネス事業を推進する活動組織体もみられるが，DMOの中には従来の観光協会の看板を付け替えただけで，交付（助成）金の受け皿団体と化しているところもみられる。

そこで，地方創生への推進体制は，行政，地元事業者や地域住民をはじめ，移住者や外部企業などを取り込んだ「チームビルディング（有機的な共創型組織）」の構築が必要不可欠になる。

⑵　推進組織への今後の展望

地方創生へ向けた推進体制については，行政がイニシアチブを発揮しながら，地元事業者や地域住民（NPO他）などが一体となって，地方創生に向けて積極的に取り組むことが必要になる。

また，都会などから新たに移住してきたクリエイティブクラス（創造的人材）の若者達による新たな人材の取り込みや外部企業との協力体制を構築して，同じ傘のもとで地域一体となった推進体制を構築することが望まれる。

そこでは，自ら住む地域へのシビックプライド（地域への愛着と誇り）の醸成や郷土愛の高揚が求められている。言い換えれば，「行政力」「企業力」「市民力」の有機的統合によって,「地域力」を向上させることである。まさしくそれは,地域一体となった「ソーシャル・キャピタル（社会関係資本)」の構築である。

6 最後に提言：地域の最適状態化を目指す

ここまで,地方創生とまちづくりについて考察してきた。地方創生は疲弊する地方都市の将来を構築するうえで重要な課題である。そのためにも,この機会を有効に活用することが必要である。地方創生をブームとして捉えるのでなく,地域の持続ある発展を目指し,一過性に終わらせない事業の構築と併せ,継続的な取り組みによるまちづくり運動として捉えることが重要になる。

そのためには,交付（助成）金だけに依存せず,費用対効果を踏まえた企業経営的な視点で事業を推進することが望まれる。

このように,地方創生に取り組むためには,地域独自のまち資産を積極的に生かして「ローカル・オプティマム（地域ごとの最適状態化)」を目指し,シビックプライドを醸成して,地域一体となって有機的な共創型の推進組織を再構築することが不可欠になる。

（濱田　恵三）

注

1）20～39歳の女性の数が５割以下に減る自治体を消滅可能性都市と呼んでいる。
2）地域活性化を目的とした全国各地のご当地グルメの祭典（イベント)。
3）経済産業省特許庁が商標法の一部を改正して施行した制度。

引用・参考文献

佐藤真一監修［2016］『地方創生の切り札 DMOとDMCのつくり方』椎出版社。
篠原 匡［2014］『神山プロジェクト 未来の働き方を実験する』日経BP社。
田中道雄・白石善章・濱田恵三編著［2012］『地域ブランド論』同文館出版。
田中道雄・テイラー雅子・和田聡子編著［2017］『シティプロモーション―地域創生とまちづくり』同文館出版。

第3章

内部要因からみた商店街衰退の理由と今後の展開

1 はじめに：内面から商店街を見る

全国の商店街は厳しさを増す競争環境に衰退を余儀なくされてきたが，多くの商店街は，何故積極的に対応策を打つことができなかったのか。これまでその衰退理由については商店街の組織内部や構成する商業者にメスを入れた分析は余り見られなかった。本章ではその衰退の理由を商店街の内面から考察する。まず商店街衰退の状況を再確認し，その衰退に商店街組織はどのように対処してきたのかを振り返り，最後に今後の商店街のあり方について考えてみる。

2 商店街の推移と実態

(1) 商店数等の推移

商店街の店舗の構成規模はさまざまだが，商店街は地元中小零細店を中心に構成されている。その意味から商店街の実態を把握するために商店街の店舗構成の主要な部分を占めてきた小売店の実態をまずみておく。

わが国の小売店の推移は，1952（昭和27）年から始まった商業統計にみることができる。同統計は商店数，従業者数，年間販売額，売場面積を基本項目に全国の小売店を対象に集計分析されてきた。

戦後，戦災復興や高度成長期を通じて雇用の受け皿の役割を果たしながら，わが国の商店数は右肩上がりで増加してきたが，1982（昭和57）年の172万店をピークに漸減を続け，2014（平成26）年には102万店まで減少している。ピーク時からの減少率は実に40％に達するほど激減しているが，この間の商店数の推移には当然，増勢傾向にあった大手小売店も含まれており，中小零細店の減少率が一層著しいものであったことが推測される。

⑵　商店街衰退の傾向

商店街を構成する主要な店舗が，減少率著しい中小零細店であることを考えれば，商店数減少に比例して商店街に空き店舗問題を発生させ，全国の商店街を著しく衰退させてきたことが理解できる。

1991（平成３）年以降は年間販売額の低迷にも拘わらず大手小売業の出店攻勢は止まず，売場面積は増加を続けている。その結果，小売業の販売効率の指標である売場面積１㎡当たりの年間販売額は，バブル期の1991年の128万円をピークに，2007（平成19）年には90万円と小売業の販売効率は低下し続け，大手，中小零細を問わず全国の小売店の経営を圧迫してきた。

商業統計が最後に採られた2007年以降も長引くデフレ現象に加えてインターネット通販の急速な普及が実店舗へ大きな影響をもたらし，中小零細店に限らず大手量販店の破綻や百貨店の閉店なども数多くみられた。

全国の商店街の実態を把握する中小企業庁の商店街実態調査報告書も，厳しくなった小売店の経営状況を反映している。図表３-１の同調査は調査年ごとに商店街の景況感を尋ねているが，全国的に「繁栄」と回答する商店街は１～２％程度に留まり，大半の商店街が「衰退」または「衰退の恐れ」と回答している。

全国の商店街数は１万2,681店（平成26年）であり，「繁栄」を未だ謳歌しているのは，その割合から判断して商業以外の業務，娯楽，文化芸術などさまざまな機能が集積する立地に恵まれた大都市の都心商店街ぐらいだと推測される。

図表３-１　商店街の景況感

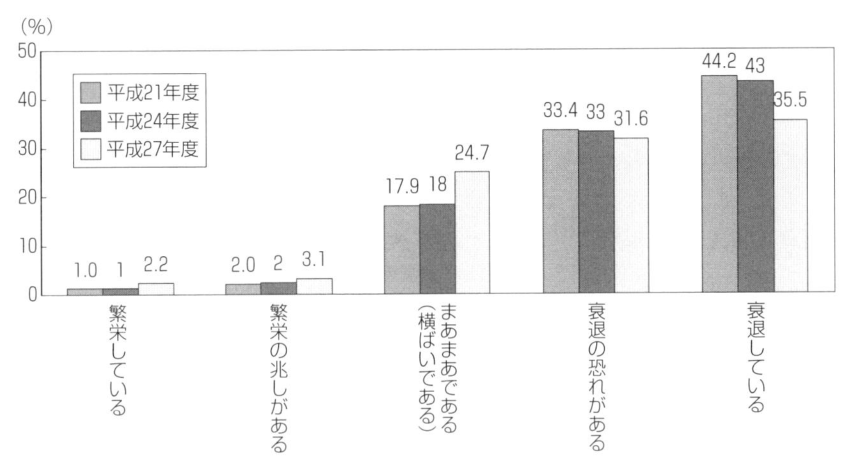

出所：「平成27年度 商店街実態調査報告書」

3 商店街衰退の内部的要因

(1) 商店街内部からの崩壊

商店街衰退の実態を前節で再確認したが，商店街の衰退傾向を否定する者はいないほど，地方都市に限らず多くの商店街がシャッター通りと化している。

その原因は間違いなくオーバーショップにあると言える。大手小売業の出店攻勢に中小零細商業者に危機感が募り，1974（昭和49）年施行の大規模小売店舗法により80年代には大型店舗の「出店凍結の時代」と言われるほど出店の抑制策がとられた。

しかし，中小零細小売店の保護的な出店抑制策の甲斐もなく，出店規制を強めたほぼ同時期に前節にみたとおり全国の商店数はピークを打ち，そこから減少に転じている。大手企業との競争激化は，やがて中小零細商業者たちに無力感さえ抱かせ，小売店経営の将来に夢を描くことができず，そこから後継者難の問題が潜在し始め，商店街の内部から崩壊が生じたものと推測される。

後継者難問題の顕在化が，中小零細小売店が多く集積する商店街の空き店舗へと繋がっていく。空き店舗率が高まると店舗集積のメリットは生まれず，とくにアーケードに覆われた一体感のある商店街では負のイメージさえも植え付けた。そうなると商店街への新規出店の魅力は失われ，その衰退化はやがて社会問題化していく。

地域に根差すコミュニティの核と言われてきた商店街であるにも拘わらず，厳しくなる環境に商店街の永続性を前提にすることなく，活性化に取り組む姿勢は余りみられなかった。支援策の補助金は活用されても一過性の事業に留まるケースが多々みられた。

では全国の多くの商店街が存続の危機にありながらも，商店街の組織はなぜ積極的に活性化事業に取り組んでこなかったのか。その理由を商店街内部に焦点をあて考察してみる。

⑵　活性化の合意形成の難しさとその理由

商店街の役員方に「商店街活性化の難しさ」の原因を尋ねると，口を揃えて「一国一城の主の集団だから」，あるいは「お山の大将の集まりだから」と答え，それを理由に今では多くの組合員はその取り組みに消極的だ。

確かに商店街内部で活性化策が模索されても事業実施の合意に至らず，現状維持を繰り返し多くの商店街が衰退してきた。では商店街は我が儘な商業者が集まっている組織なのかと云えば，決してそのようなことはない。

商店街組織の合意形成は，住民のコミュニティとは異なる。なぜならば商店主同士は言わばライバル関係にあり，そのことが商店街活動の障壁になるからだ。さらにその合意形成を阻害する要因を詳細に分解すると，①個店の経営力の相違，②経営者の姿勢の相違，③個店の立場の相違の３つに区分できる（図表３-２）。

商店街を構成する組合員は，業種・業態も規模や資力も経営に対する意欲も異なる人たちが集まっている。一定の目的や意識をもって集まった人たちの組織ではなく，利益追求のためにそれぞれが選択した出店立地に過ぎず，たまたまそこに居合わせた商業者たちが組合をつくっているに等しい。

したがって多様で異質な組合員で構成された組織であることを前提に，合意形成の仕組みを考えなければならない。たとえば，商店街活動を行う財源を確

図表３-２　合意形成を難しくさせる３つの要因

①個店の経営力の相違	②経営者の姿勢の相違	③個店の立場の相違
ア　資金力の相違 イ　多店舗展開の相違 ウ　売上実績の相違 エ　従業員雇用の有無と多寡	ア　経営者の年齢的な問題 イ　後継者の有無 ウ　商売への愛着と意欲 エ　プラス発想とマイナス発想	ア　商店街内での立地場所の相違 イ　店舗の所有形態の相違 ウ　取扱業種の相違 エ　住宅併設の有無

出所：筆者作成

保するため賦課金制度を構築する場合，公表されていない販売額や資金力など負担力を測る基準を適用することはできず，誰もが測定できる客観的な基準として均等割を基本に店舗の間口割などを基準に定めるのが精一杯となる。

この賦課金の仕組みはできても，その負担額の水準を決める場合，すべての組合員が負担可能な水準を模索せざるを得ず，平等の原則からもっとも負担力のない組合員に合わせることになる。この所謂「底辺合わせ」により十分な活動資金を確保することができず，多くの商店街に効果的な活性化事業に取り組むことを困難にさせてきた。

また一定の事業費を確保できたとしても，活性化事業実施による費用対効果は取扱い業種によって異なり，全員が平等に利益を享受できる内容は難しい。そうすると消費者目線の事業企画よりも内部的な調整が最大の課題となり，結果的に来街者にとって魅力的な事業とはならず，多くの商店街は「すべきこと」よりも「できること」を単に実行するだけに留まる。

4　商店街の魅力を生み出す源泉

(1)　商店街の二重経営

通常，商店街は商業集積の規模に応じて「広域型商店街」「地区中心型商店街」および「近隣型商店街」に分類される。いずれの類型でも商店街に所属する商業者は，基本的に自店の経営に加えて賦課金の負担や商店街活動への労力提供などを通じて商店街全体の経営（運営）を行う必要がある。

図表3-3　商店街の二重経営

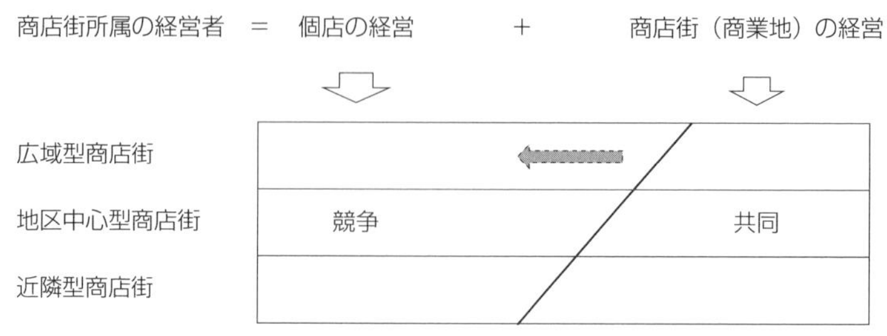

出所：南方・岡部［1991］68頁をもとに筆者作成

ただし，個店の経営と商店街の経営という２つの経営に対して自店が有する経営資源の投入の割合は３つの商店街では図表3-3のとおり異なることになる。

「広域型商店街」は，都市のターミナル機能をはじめ商業，業務，金融，文化，娯楽など多様な機能が集積する都市の中心に立地している。そのため交流人口や業務人口もあり広域商圏を抱え，業種業態を問わず多くの店舗が集積し，商店街内の店舗間の厳しい競争が自然と各個店に専門性や独自性を求める。

その結果，個性的な店舗の集積そのものが商店街に多彩な魅力を生み出し，広域から多くの顧客を集客する。したがって広域型商店街では，個店がもつ経営資源の大半を自店の店舗や商品政策に投入し個店の魅力に磨きを掛けることが，ひいては商店街や商業地の魅力に繋がる。

一方，こぢんまりとした店舗集積の「近隣型商店街」では，店舗間の競争は余りみられない。不足業種さえも抱えており広域型商店街のような個性的な専門店の集積で地域の魅力を生み出すことは難しい。そのため近隣の限られた商圏を対象に，地域生活者の日々の食材など最寄品に対するニーズに応えるべく，空き店舗へ核施設として食品スーパーを誘致するなど日常生活に密着した戦略が求められる。

近隣型商店街の場合，個店の魅力化にも増して近隣の地域生活者が商店街に求めるニーズにまず機能面で応えることが重要になる。商店街のあり方が広域型と大きく異なることになる。

店舗の集積規模が大きければ大きい程，競争原理が働き個店のパワーに依存するだけで立地的な有利性と連動して，個性的な店舗集積で商店街に魅力が形成される。逆に集積が小さければ，集積するメリットを模索して商店街の組合員が共同して計画的に魅力を創り出す工夫が必要になる。そのため自店へ投下する経営資源にも増して，商店街全体の経営（運営）に投入する経営資源が重要視される。

(2)　商店街を取り巻く環境変化：「競争」から「共同」へ

「競争」による魅力創造で成り立ってきた広域型商店街だが，今では「共同」の重要性が高まっている。駅前など優れた立地環境を求めて高額な家賃にも耐え得る大手チェーン店は商店街への出店を進める。この店舗の新陳代謝に伴いこれまでの商店街のイメージや個性が徐々に失われ，チェーン店が連なるどこにでもある商店街という評価に過去の存在感が失われていく傾向がみられる。

また商店街と云えどもインフラ整備としてバリアフリー化への配慮も欠かせず，多様な機能の整備が求められるようになった。店舗集積のみで魅力を生み出していた商店街も大型ショッピングセンター（SC）と同様に娯楽，文化芸術，医療，福祉や生活利便性に配慮したさまざまなサービス機能や和洋中の飲食店の配置も求められる。そのため「線」としての商店街だけではなく，周辺地域を含めた「面」を対象にさまざまな連携の取り組みも必要になっている。

このように広域商圏を抱える都心商店街と云えども単に店舗が集積しているだけで存在感を維持できなくなりつつある。また郊外の大手SCなどが競合となり，多様な機能の整備に加えて箱物商業施設にはない，その商店街，商業地ならではの個性を際立たせることも必要になっている。

このように広域型商店街と云えども「競争」から「共同」へ重視すべき視点がシフトしている。競争原理が強く働く商店街であっても，ますます「共同」して取り組む事業の必要性が高まっている。

5　活性化の阻害要因を乗り越えて

第３節で商店街組織の合意形成の難しさを示したが，前節で触れたとおり広域型商店街と云えども存在感を確保するためには，今後はますます商店街の共同事業の必要性が増しつつある。

また都市や地域の中心にそのまちや地域の中心をイメージできる賑わいのある商業集積がなければ，まさに臍のない平坦なまちや地域になってしまう。その意味では都市や地域の中心地には賑わいを創造する商業集積が必要不可欠になる。それ故の中心市街地活性化法の創設であった。

賑わいを生み出す商店街は，都市や地域を構成する重要な構成要素であるが，単に小売店や飲食店の商業集積だけで存在感を確保することは難しくなっている。商業という経済性に加えて社会的な機能を重視していくことが求められる。このような視点を前提に，最後に商店街活性化を阻害する内部的な要因をどのように乗り越えるべきか考察してみる。

(1)　ネットワーク型組織

商店街活動がひいては自店の繁栄に繋がると判断する意欲的な組合員が集まり，商店街の魅力創造を目的に商店街活動にネットワーク型で取り組む事例もみられる。商店街の三種の神器と言われた「まちゼミ」や飲食業種が展開する「バル」がその事例に当たる。

2003（平成15）年に愛知県岡崎市の中心市街地の商店街で始められた共同事業「まちゼミ」は，商店街の各店主が講師役を務め，プロならではの専門知識や商品のウンチク，使用のコツなどを少人数の顧客を対象に店内で無料で伝授するゼミナールである。

組合員全員の参加を求めることなく，参加を希望する組合員たちが開催告知のチラシ制作費を負担し合い，それぞれ都合が付く日程で開催する。商店街の魅力の発信とともに店主と顧客の接点づくりを目的に，組合員全員の合意に基づくことなく事業趣旨に賛同する組合員がネットワーク型で実施する。この全員合意を必要としない仕組みが，全国の商店街への波及に結び付いている。

「まちゼミ」のような完全なネットワーク型までに至らないにしても，商店街のイメージ向上に資する共同事業については，事業費の一定割合は商店街の賦課金で賄い，それ以上の必要事業費は，その事業から直接恩恵を受ける者が負担する受益者負担の仕組みを取り入れて，ネットワーク型で取り組む方式を多用して商店街活性化を導くことも次善の策として考えていく必要がある。

(2) 外部からの活性化

全員合意が大きなハードルとなり商店街活動が頓挫するのであれば，今後ますます全国の商店街の衰退を加速させることが予想される。この衰退傾向に歯止めをかけるためには，商店街内部に期待するのではなく，外部の第三者による取り組みに活性化策を考えてみる必要もある。

福井県福井市の中心市街地においてビジネスとして民間機関が活性化に取り組む事例がある。民間機関が発行ごとにテーマ設定を行い，同市の中心市街地の情報誌を制作発行し，地域の魅力に併せて自店の情報発信を行う事業に賛同する商業者は自店の掲載費を負担して参画する。

この外部事業者による活性化の取り組みは，全店舗を平等に掲載する商店街の情報誌とは異なり，まず利用者の目線で企画し，テーマに沿った魅力的な店舗のみを掲載でき，なおかつ負担力に応じた紙面の活用により情報誌そのものの魅力を高めることができる。

ただ地域のスター商店など力のある店舗は広告費をあえて負担する必要性を感じておらず，無料での参加を求めることも必要になり，ビジネスとしての事業採算性については厳しい面が予想される。商店街活性化に資する外部からの働きかけに，行政支援をうまく加えていくことも必要になっている。

しかし，情報誌の発行やクーポン券事業などソフト事業への取り組みはできても，外部の第三者が商店街や商業地のハード事業に取り組むことには適さない。たとえばイメージ統合のための街路灯の建設やモニュメント設置などにはこの手法の活用には限界がある。

(3) 行政の役割

商店街の活性化支援として，行政は単に一過性の賑わいを生み出すイベント補助を打つだけではなく，長期的な視点から商店街のあり方を考えるキッカケづくりや商店街の永続性を前提に「共同」することの重要性を啓発していくことが重要になっている。また，都市や地域の中心としてその中心性を高める施設整備などハード面からの支援も行政の果たす重要な役割になる。

20年間の長期無利子融資の高度化資金を活用して全国の多くの商店街が多額

の投資をしてアーケードを設置した頃は，未だ小売商業に収益力があった時代だ。しかし，第２節でみたように現在は厳しい経営状況にあり，商店街が独自に整備する余裕がある商店街は皆無に近いのではないか。

多額の投資を必要とするアーケードの建設，維持については，その必要性に疑問符が付くような空き店舗率が高い近隣型商店街などは別として，再投資が必要な場合は補助制度による行政支援は欠かせなくなっている。ただし，その場合も商店街にとっての必要性だけではなく，都市や地域にとって必要不可欠な施設に当たるのかの議論が前提になければならない。

6　最後に提言：商業者に求められる姿勢

市場原理で動く商業地に平等を原則とする再開発事業を適用すれば，再開発ビルを魅力的な商業施設として再整備することは困難になることは，数々の過去の事例が示している。同様に商店街という市場経済の世界に商店街活動における平等性や「底辺合わせ」を持ち込めば，来街者にとって魅力的な商店街活動にならないことが危惧される。

この商店街が抱える宿命を克服するためには，商店街に係わる商業者たち自身が「競争」（自助努力）と「共同」（協調）のバランスの必要性をしっかりと認識し，商店街は都市の重要な構成物であるという社会的役割と，その永続性を前提に係わっていく姿勢が求められている。

（中多　英二）

引用・参考文献

石原武政［2006］『小売業の外部性とまちづくり』有斐閣。
田中道雄［1995］『商店街経営の研究―潮流・変革・展望』中央経済社。
田中道雄・白石善章・佐々木利廣ほか［2002］『中小企業経営の構図』税務経理協会。
（公財）ひょうご震災記念21世紀研究機構編［2015］『災害時の生活復興に関する研究―生活復興のための12講』第10講「商店街の復興」。
南方建明・岡部達也［1991］『商店街のマーケティング戦略』中央経済社。
中小企業庁［2016］「平成27年度 商店街実態調査報告書（概要版）」。

第4章

シティプロモーションと自治体の水平的競争

1 はじめに：自治体間の競争

シティプロモーション，すなわち都市の魅力やコンテンツを販売しようとする取り組みが，全国各地に広がっている。2017年5月に上梓された『シティプロモーション―地域創生とまちづくり』（田中・テイラー・和田編著［2017］）では，全国13都市・地域の事例を取り上げ，自らの魅力やコンテンツを外に発信する姿が紹介されている。

同書の中で，分担執筆者のひとりである筆者は，背景として①「地方分権」の流れ，②安倍内閣における「地方創生」の取り組み，③地方の競争を促す国の施策（ふるさと納税，地方創生推進交付金）の存在，④インバウンド市場の拡大，⑤2020東京オリンピック・パラリンピックの開催，の5点を挙げた。しかしながら，地方制度に関連する①②③においてフローの視点は不十分であった。どういう経過を辿って今に至るのか，という視点である。同時に，自治体の取り組みについて，観光客誘致，移住促進，企業誘致などの例示はしたが，国との関係や，「競争」の深掘りまでには至っていなかった。

そこで本章では，シティプロモーションをさらに深く理解するため，まず地方制度の変遷と自治体の「競争」が奨励されてきた背景を掘り下げたうえで，「自治体の水平的競争」を分類し，それぞれのカテゴリーについての多面的な考察を試みる。

2 日本の地方自治制度と自治体間競争

(1) 戦前・戦後から高度経済成長へ

日本の地方制度の特徴は，明治維新以来，市町村横並び平等主義と呼ぶべき指向性であった[1)]。国が事務を移譲する際には，可能な限り市区町村へとし，またすべての市区町村は均等に取り扱われた。さらに事務を担う行政能力に乏しい自治体には合併が進められた。同時に，国の政策誘導としての補助制度や，自治体の歳入と歳出を埋め，自治体間の財政力を調整する地方交付税制度により，政策の内容や，各自治体の財政力についてもそれなりに均質性が保たれた。戦後，こうした「均等」，「平等」を軸とする垂直統制による行政システムは，わが国の高度経済成長を支えてきた。

しかしながら，経済成長が一段落し，さらに成熟化し，モノが行きわたり，さらに東京への一極集中や地域の格差が顕在化するなかで，国と自治体の関係についても，新たに「分権」というキーワードが浮上してきた。すなわち，国の主導ではなく，地方独自の創意工夫による取り組みによって，住民が豊かさを実感できる社会を築こうとする流れである。

(2) 地方分権

「地方分権」については，まず1993年に「地方分権の推進に関する決議」が国会で可決され，自治体の自主性，自律性の強化を軸とする新しい地方自治制度の方向性が示された。さらに，翌1994年には，地方六団体[2)]からも「地方分権に関する意見書」が発表された。ここでは，「地方公共団体は，地方自治が住民の権利と責任において主体的に形成されるべきという基本的観点に立って，その責務を果たすために，より足腰を強めて『自立する』ことが肝要である」とする自治体側の考え方が示された。こうして，全国画一の統一性と公平性を過度に重視してきたこれまでの地方制度から，住民主導で，個性的で，総合的な行政システムへの転換が，国と自治体の概括的な合意のもと，明確になった。この流れを受け，2000年には地方分権一括法が施行され，機関委任事務の廃止など，具体的な制度が施された。そこで示された国家観は，国が全体を引っ張り上げるのではなく，地域間競争で地域が高まり，その結果，国が高まるという絵姿であった。

(3)　経済財政諮問会議と「骨太の方針2001」

2001年６月，小泉政権下において「今後の経済財政運営及び経済社会の構造改革に関する基本方針」，いわゆる「骨太の方針2001」が発表された。この方針は，政権が進める財政・経済政策の基本的な考え方について，首相が議長を務める「経済財政諮問会議」で議論し，官邸主導，政治主導で取りまとめられたものである。

ここでは，地方分権の理念をさらに推し進め，自立した国と地方の関係を確立するために，「個性ある地方の競争」という章が起こされた。そのうえで，「地方の潜在力の発揮」として，①これまでの中央統制の仕組みでは，地方自治体が独自に地域の発展に取り組む意欲を弱め，地方は中央に陳情することが合理的な行動ということになりがち，②歳出の抑止力が働きにくく，結果として，国も地方も政府の規模がふくらみ，財政赤字に苦しむことになる，③自立した地方が，それぞれの多様な個性と創造性を十分に発揮し，互いに競争していく中で経済社会の活力を引き出す新たな国と地方の姿を描き，その実現に向けて，国と地方にかかる制度の抜本的な改革を目指すべき，などが示された。すなわち，ここでも改めて「均衡ある発展」から「個性ある地域の発展」，「知恵と工夫の競争による活性化」を重視する方向へのシフトが明確に示された。

(4)　「ニュー・パブリック・マネジメント」の影響

同時に，「骨太の方針2001」の背景として，行政運営に関し，1980年代中盤から世界的に大きな流れとなっていた「ニュー・パブリック・マネジメント」の影響が大きい。この理論は，①徹底した競争原理の導入，②業績／成果による評価，③政策の企画立案と実施執行の分離，という概念に基づいており，公共部門においても企業経営的な手法を導入し，より効率的で質の高い行政サービスの提供を目指すというものであった。

「地方分権」と「ニュー・パブリック・マネジメント」は，必ずしも理念を共有しているわけではないが，地方分権が目指す国に依存しない自立した地方の姿と，ニュー・パブリック・マネジメントが描く企業経営的視点が相まって，「自治体は競争すべき」との方向性が広がっていった。

⑸ 「ふるさと納税」から「地方創生」へ

2008年に始まった「ふるさと納税」は，その意義の１つに，「自治体間の競争が進むことは，選んでもらうに相応しい，地域の在り方を改めて考えるきっかけになる」との主旨が記されている。2008年６月に開催された「ふるさと納税研究会[3)]」において，委員からは，「自治体が互いにいいサービスを提供して，寄付を呼ぶ競争をする。お金の流れに関心が高まり，地方分権にとっても良いものになる。」，「自治体間競争が始まるのは結構なこと。魅力が出れば，寄付が集まることが大切。」という意見が出されていた。

2014年から始まった「地方創生」の取り組みは，同年の，日本創成会議（座長：増田寛也）が発表したレポートと相まって，人口減少克服や東京一極集中の是正などといった国の根幹を揺るがす問題の解決を目指すものである。この地方創生の取り組みでは，基本目標として「人口減少を克服し地方が成長する活力を取り戻す」を掲げ，この基本目標を実現する基本的視点として，「若い世代の就労・結婚・子育ての希望の実現」，「東京一極集中の歯止め」，「地域の特性に即した地域課題の解決」を示した。

この地方創生を契機に，日本の人口減少に歯止めをかけるためには，まずはひとつひとつの自治体が主体的に人口増を目指した取り組みを進めることが大切であるということが確認され，同時に，各自治体では出生率の増加を目指すとともに，これまであまり顕在化していなかった定住人口を取り合う取り組み，「移住促進」が繰り広げられることになった。

自治体への財政支援については，地方創生にかかる交付金[4)]が用意され，地方自身がやる気やアイデアを出し，それに対して国はさまざまな形でそれを支援するという手法がとられることになった。すなわち，かつてのように[5)]，一律，均等，平等に自治体を応援するのではなく，積極的に取り組んでいるところ，頑張っているところを重点的に地方創生の交付金で応援しようとする考え方が示されたのである。

以上，日本の自治制度の流れを踏まえ，自治体と「競争」についてふり返ってみた。

3 自治体の水平的競争

(1) 競争の分類：４象限マトリクスでの整理

次に，自治体による外への発信に目を向けてみよう。

自治体の水平的競争をさらに深く理解するために，自治体の競争を目的とする取り組みについて，４象限マトリックスで整理を試みる（図表4-1）。まずマトリックスの縦軸に「国関与の強弱」，横軸に「自治体が獲得を目指す資源が限定的か，あるいは拡大傾向か」という視点を設定する。

４つの象限の内容は次のとおりである。

A象限は，国の関与は弱く，自治体が主体的に取り組んでいるもので，市場の捉え方についても，限られた資源を奪い合うのではなく，拡大傾向な資源を少しでも自らに引き寄せようとする分野である。首都圏のアンテナショップでの物産販売などは，この象限に入る。

B象限は，国の関与は弱く，自治体が主体的に取り組んでいるもので，限られた資源を奪い合っている分野である。自らの取り組みやPRが功を奏せば，他のどこかの自治体が凹むという利益相反関係が生じる。定住人口を奪い合うような政策はこの象限に入る。

C象限は，国の関与が強く，限られた資源を奪い合っている分野である。B象限と同様に，他の自治体とは利益相反の関係が生じる。国民の可処分所得を寄付という形式で取り合う「ふるさと納税」はこの象限に入る。

D象限は，国の関与が強く，同時に，獲得すべき資源も拡大傾向で捉えることのできる分野である。世界的に拡大基調にある観光需要を取り込むため，近年，急速に国と自治体で力点が置かれているインバウンド（外国人観光客誘

図表4-1　自治体の自治体外に向けた取り組み

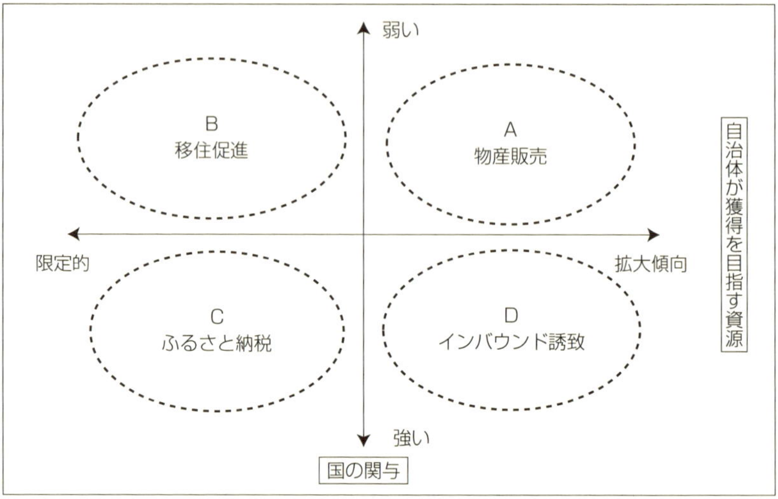

弱い
B
移住促進
A
物産販売
限定的
拡大傾向
C
ふるさと納税
D
インバウンド誘致
強い
国の関与
自治体が獲得を目指す資源

出所：筆者作成

致）についてはこの象限に入る。

それでは次に，各象限についての考察をさらに深めていくことにしよう。

(2)　各象限の特徴

①　A象限

A象限は，自治体が地方分権の議論以前から取り組んできた水平的競争が多く位置している。たとえば地域物産品の販売，観光客誘致，工場誘致などが入る。資源が拡大傾向にあるものを取り合うということで，競争する相手の自治体がとくに限定されているのではなく，どちらかというと広く市場に働きかけるという取り組みが中心となっている。この象限においては，基礎自治体と広域自治体がランダムに活動しても，お互いに影響を与える可能性は少ない。

この象限は，人口減少への歯止めや，大きな経済成長が見込めない現下において，同じ「競争」であっても限りある資源を取り合うBやCの象限に移行する流れにあると言えよう。

②　B象限

B象限では，自治体が主体的に，定住人口など限られた資源を奪い合っている。この象限に多くの自治体が参入するきっかけとなったのは，国による「競争の大義（この資源を自治体同士で取り合う意義)」のアナウンス（説明）によるところが大きい。

たとえばUターンやＩターンなどの移住促進は，日本全体の人口減少への対応と，東京一極集中を是正するという地方創生の大義によって，どこの自治体も取り組むことが可能な，いや取り組まなければならない政策となった。その一義的なターゲットは東京を中心とする首都圏である。

子育て支援による子育て世代誘致は，施策を充実させることで，その施策を享受できる層を積極的に自治体内に移住させようとする取り組みである。東京など首都圏から誘致するということも考えられるが，普通は近隣自治体との限定された資源（人口）の奪い合いである。

また，地方創生の総合戦略で示された，健康時から地方に移住し，安心して老後を過ごすための「日本版CCRC[6)]」の導入なども，国の方針のもと，基本的には自治体の主体的な競争であり，この象限の取り組みであるといえよう。

この象限では，広域自治体と基礎自治体との連携や連動が不可欠である。また，この象限における競争を今後伸ばすには，自治体の自主的な取り組みであっても，国による大義を先に示し，自治体が取り組みやすい環境を作ることが重要であろう。

③　C象限

C象限は，国主導により，限られた資源を奪い合う競争が生じている分野である。ふるさと納税の獲得に向けたPR合戦はこの象限に入る。また，国の地方創生推進交付金の自治体への配分に際し，自治体が獲得競争をする場合も，このC象限に入ると考えられる。

この象限では，それぞれ自治体の行動は合理的だが，国全体を見たときに，必ずしも効率的，効果的な取り組みではなくなる点に留意が必要であろう。この象限では，とりわけ基礎自治体と広域自治体の関係を整理しなければならない。たとえば，ふるさと納税については，平成19年７月18日に開催された第３

回目の「ふるさと納税研究会」において，「同じ地域の都道府県と市町村が寄付をめぐって競合するのはおかしい」という意見が出されている。「ふるさと」という概念には，そもそも最初から広域自治体と基礎自治体の二重性を内包していると言えよう。したがって，広域自治体が単に歳入増を目指してこの競争に参入すれば，結果，広域自治体とその傘下の基礎自治体が同じパイを奪い合うという，非生産的，非効率的なものになってしまう危険性がある。

④　D象限

D象限は，政府の関与は強く，取り合う資源は拡大傾向に捉えられている分野である。国内市場の拡大が見込めないなか，資源を奪い合うというよりも，海外も視野に入れ，市場（マーケット）全体を国と自治体が一体となって大きくしようとする取り組みである。たとえば，インバウンドにおいては，国がビザの緩和と入国審査の簡素化を実行し，さらにターゲットとなる国や地域に集中的にプロモーションを打ち，日本への関心を高めると同時に，自治体は自らの魅力発信と外国人観光客誘致に尽力するという連携・連動が行われている。また，地方の大学などの主体的なかかわりが前提にはなるが，世界を視野に入れた留学生誘致もこの象限に入るといえよう。国全体のことを考えると，この象限の国と自治体の連携は大変重要である。

4　最後に提言：シティプロモーション研究の深化に向けて

本章では，自治体のプロモーションを深く理解するため，自治体の「競争」が促されるようになった背景について，地方制度の変遷を通して振り返るとともに，自治体の水平的競争を分類し，その特徴を整理した。自治体の水平的競争は，自治体の「自立的な意思」で行っている取り組みであることに間違いないが，本章を通じて「国と地方の関係」を抜きに考察することが困難であることが確認できるだろう。さらに，自治体における競争を総体的に捉えれば，それぞれの取り組みの特徴は見えにくいが，国の関与の度合いや，市場の広がりという視点で整理をすると，競争を目的とする個々の取り組みの特徴が顕在化できる。同時に，シティプロモーションを考えるうえでも，「目的は何か？」「何を競争するのか？」「誰と競争するのか？」「その方法は？」「市場は？」「効果測定は？」などの論点が少しはクリアになるのではないだろうか。それぞれの自治体で的確なシティプロモーションが展開されることを期待したい。

最後に，本章での考察を踏まえ，今後の研究課題について触れておきたい。

１つは，行政学からのアプローチとして，「B象限，C象限，D象限の競争における国と地方の関係」，「取り合う資源が限定的なB象限やC象限における広域自治体と基礎自治体の関係」など，政府間関係に関する論点の掘り下げである。

もう１つは，経営学，あるいは公共政策学からのアプローチとして，企業のプロモーションと，自治体のプロモーションの違いについての研究の深化である。ヤン＝エリック・レーンは，民間企業経営と公共経営の境界があいまいになっていることを認めたうえで，公共経営ならではの特徴として「政治の役割」を挙げている7)。すなわち，自治体が水平的に競争する際の地方政治との関係，たとえば機関委任事務が廃止され，自治体における決定権に関する自由度が高まり，自治体首長の，政治家として，リーダーとしての期待が高まっていることと，自治体の情報発信，プロモーション，水平的競争との関係についての議論を深める意味は大きいと言えよう。

（上田　誠）

注

１）　西尾［2007］16頁。
２）　全国知事会，全国市長会，全国町村会，全国都道府県議会議長会，全国市議会議長会，全国町村議会議長会で構成。
３）「ふるさと」に対する納税者の貢献が可能となる税制上の方策の実現に向け，総務大臣のもとに設置された研究会。
４）　地方創生推進交付金，地方創生加速化交付金，など。
５）　たとえば，地方の取り組みを国が応援するという先例として，1988年から1989年にかけて国が実施した「ふるさと創生事業」があった。国が基礎自治体に地域振興のために１億円を均等に配布したことに対して，「バラまき」との批判があった。
６）　日本版CCRC構想有識者会議が取りまとめた「生涯活躍のまち（日本版 CCRC）」構想。中高年齢者が希望に応じて地方や「まちなか」に移り住むことを目指す政策。Continuing Care Retirement Communityの略。
７）　レーン［2017］12-13頁参照。

参考文献

田中道雄・テイラー雅子・和田聡子編著［2017］『シティプロモーション―地域創生とまちづくり』同文館出版。

西尾 勝［2007］『地方分権改革』東京大学出版会。

村松岐夫［1998］『地方自治』東京大学出版会。

Lane, Jan-Erik.［2009］*State Management-An Enquiry into Models of Public Administration and Management,* Routledge.（ヤン＝エリック・レーン著，稲継裕昭訳［2017］『政府経営論』勁草書房）

第5章

商店街研究の社会学的意義

1 はじめに：「現実社会」研究のための戦略的対象としての商店街

社会学は，現実の社会現象を対象とし，研究成果としての知見を実践的に活かす学問領域であり，社会調査などの実証的な調査研究法が取られる。現実・実践・実証という点で「実学」であると言って良いであろう。社会学における領域は「○○社会学」として表現されることが多く，これらは「連字符社会学」と呼ばれさまざまな社会学として成立している[1)]。また，「○○社会」がその時代や文化，社会全体を端的に表す言葉として用いられる場合がある[2)]。

現代は「消費社会」と呼ばれ[3)]，またさまざまな現象を社会学的に捉えようとする「消費社会学」の試みもなされてきている。すなわち，「消費」という概念が現代社会の特徴を表していると言える。しかし，人間が「消費」活動を行い，生活する場でもあり，地域コミュニティの場でもある「商店街」はこれまで社会学においてはあまり取り上げられてこなかった。「商店街」そのものを取り扱ったものとしては，経営学的な視点が主ではあるが，社会学的な視点が導入されている田中［1995］の研究が先駆的なものであるが，近年は新［2012］の研究が代表的なものと言えるだろう。

本章では，これらの先行研究を踏まえて，今後社会学が商店街を研究する，教育の場として対象とする意義について論述する。

2 アンチテーゼとしての社会学的視点

⑴ 経済学と社会学

人間の消費行動については，社会科学の領域において，経済学が先駆的にそれらを対象として研究が進められてきた歴史がある。経済学は，経済的合理性に基づく人間観である「経済人（homo economics）」を基礎とするが，社会学においては役割や相互作用を基礎とする「社会人（homo sociologicus）」を基礎としている[4)]。経済学で捉える人間は「最小費用で最大の効用を得よう」とするが，社会学で捉えようとする人間は必ずしもそのような人間ではない。すなわち，社会学は，経済学をテーゼ（these：定立）とするならば，そのアンチテーゼ（anti-these：反対定立）として成立してきた経緯がある。消費行動においても，経済的合理性に基づくものばかりでなく，役割や相互行為による説明がより「力」をもつ場合がある。

⑵ 消費「者」社会

近年の消費に関わる特徴として，生産者に対して弱い立場にあった消費者が，その立場を優位なものとし，その権利を主張するようになった点，またそれが過剰に表出される「クレーマー」としてその特徴があらわされるようになった点を指摘しておかなければならない。たとえば1999年，ビデオデッキの画質に関して修理を依頼した消費者と企業間で交わされた電話での会話音声が，消費者によってインターネットを通して公開されたいわゆる「東芝クレーマー事件」は，企業の消費者に対する関わり合い方を大きく変えることになったと言って良いであろう[5)]。企業は消費者の意見を聞き，消費者のニーズを調査し，お客さまセンター，コールセンター等を設置して，消費者を優遇するようになってきている。文字や会話など，これまではあまり分析されることがなかった非定型データが数多く蓄積され，それらの分析法が「テキストマイニング」

としてさまざまに開発されてきた点も大きい。

(3)　生活の場としての商店街：「買い物困難者」問題

人間が生きていくうえでの消費行動，とくに「買い物行動」は非常に重要な生活の場であり，社会学としては当然扱うべき対象だったわけであるが，経済学が，本来取り扱っている対象であるためかアンチテーゼとしての社会学では扱われることが少なかった。

しかし，近年では，居住する地域において買い物ができないという現象が出てきた。買い物をしたくても，自身が移動可能な周辺に買い物をする商店がないのである。とくに高齢者，幼少者・年少者は自由に生活圏を広げることが難しい。これらの人々は，以前は「買い物難民」と呼ばれたが近年は「買い物困難者」と呼ばれることが多いようである。買い物が困難であるということは，生活を維持することが困難であるということでもある。訪問販売や移動販売，通信販売，ネット販売など，移動をあまりしなくても買い物ができる手段，経路が多く提供されてきているが，時間に拘束されずに自ら買い物ができるということと比較すると，制限が大きい。これは１つの社会問題である。

3　社会学のマーケティング

(1)　社会学の市場拡大

現在の日本の大学は人文科学，社会科学，理学，工学，農学，保健，商船，家政，教育，芸術，その他の領域に分けられ，さらに社会科学は法学・政治学，商学・経済学，社会学，その他の四領域に分類される。図表５-１は，これらの関係学科別の学生数について，大学教育の大綱化が行われた1992年から直近の2017年までの25年間の社会科学領域の学生数の推移を示したものである。

社会科学全体では1992年84万8,301人であった学生数が2017年には83万3,256人となり，その間の上下動はあるものの，若干減のほぼ横ばいである（図表５-２）。もっとも多いのは「商学・経済学」ついで「法学・政治学」だが，いずれも学生数が減少しているのに対して，「社会学」「その他」の領域の学生は，その絶対値はまだまだ小さいものの，1992年を1とすると，2017年にはそれぞれ1.77倍，3.97倍となっている。

また，そのほかにも，社会学関連科目は「人文科学」領域や「その他」の関連学問領域でも課程やコース等が開講されており，これらも含めると学問としての社会学領域の市場，いわゆる「社会学のマーケット」が確実に広がっていると考えられるのである[6]。

図表5-1　社会科学　関係学科別学生数の推移

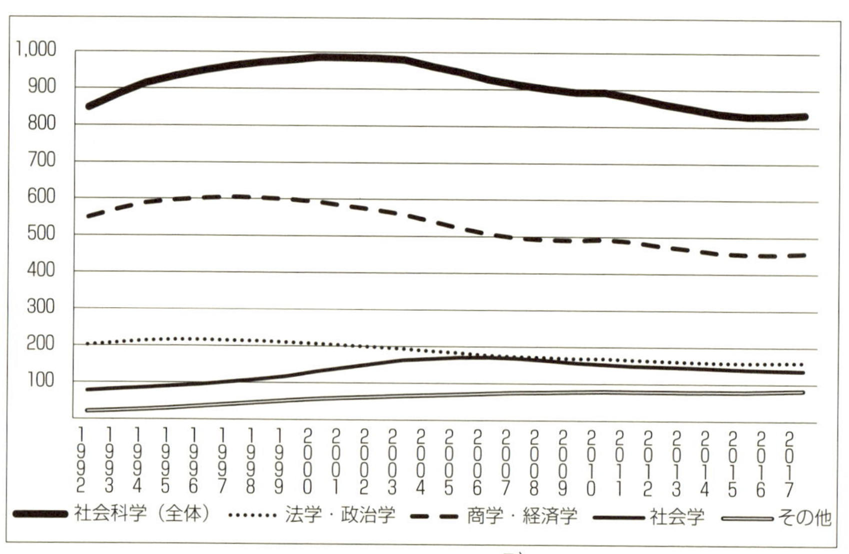

出所：文部科学省「学校基本調査」データをもとに筆者作成[7]

図表5-2　社会科学　関係学科別　1992－2017対比

	1992-2017対比	1992年	2017年
社会科学（全体）	0.98	848,301	833,256
法学・政治学	0.78	201,582	158,239
商学・経済学	0.83	548,946	456,301
社会学	1.77	77,003	136,252
その他	3.97	20,770	82,464

出所：文部科学省「学校基本調査」データをもとに筆者作成[8]

(2) 社会学，社会学教育の潮流

学問として多くの人々が学修するようになってきている社会学であるが，社会学教育においては，近年いくつかの潮流がある。

社会学が対象とする領域についていえば，農村社会学から都市社会学へと変化してきている。この点については，生活圏の変化・見直しがある。少子高齢化社会を見据えて，コンパクトシティなど，小さなエリアにすべての機能が集約されている都市づくりが検討されてきているが，いくつかの先進的な事例に関してもあまり良い評価は聞こえてこない[9)]。すなわち，商店街のように，人々の生活の場所としての多様な商品やサービスの構成をもった地域が必要なのであるが，都市化，郊外化，モータリゼーションもあって，逆に人々の生活圏は拡大しつつある。結果として，都市中心部の市街地，いわゆる中心市街地にあった商店街は消費の場所ではなくなり，郊外の大規模なショッピングモールに消費の場が変化しつつある。

人々の生活様式も変化し，従来社会学が主な対象としていた農村社会学は都市社会学へと変化してきている。農村社会学の対象とするのは「農村」であるが，農村自体が社会全体の都市化，郊外化によってその特徴が変化し，従来の「農村」ではなく「都市的農村」，いわば「都市的生活様式を有する『非都市部』」となり，農村社会学が都市社会学へと吸収されてきているのである。

社会学に限らず，大学の社会科学教育では，イントロ（入門），理論，方法が必要である。社会学でも，社会学理論だけでなく実証的な調査研究の方法，社会調査法が重要視されてきた。

経済学のアンチテーゼとしての社会学は，その「視点」は哲学をもとにしており[10)]，日本の大学における社会学教育の創成期には社会学専攻は文学部哲学科の１つの専攻としても設置された。しかし，社会学は実証という点で「哲学」から独立し，「親離れ」することとなる。社会学の教育課程において，実証的な研究方法に関する「社会調査」の講義は必須のものであり，現在では実証的調査研究能力を有する資格として「社会調査士」が設けられている。

(3)「社会調査士」資格

「社会調査士」資格は，日本教育社会学会，日本行動計量学会，日本社会学会が提携して設置した資格であるが，現在は一般社団法人社会調査協会が認定する資格である[11)]。その名のとおり「社会調査」に関する能力の保持を示すものであり，大学院修了レベルの「専門社会調査士」と学部卒業レベルの「社会調査士」が認定されている。社会学においては実証性が求められるが，全国各国の大学において社会調査士の教育課程が設けられている。社会学を専修とする学生全員がこの資格を修得するわけではないが，社会学の領域において実証的な研究能力を保持する学生が育成されていることの「証」でもある（図表5-3）。この資格については，実際に調査を行う「実習」がG領域として必修科目に組み込まれており，教員の指導のもと，地域におけるさまざまな課題についての調査研究が行われる。この社会調査実習の場として，近年，商店街が選ばれることも多い。以前の農村社会学では「農村」に赴いて現地調査，フィールドワークを行うことが多かったが，多くの大学がある都市，あるいは

図表5-3　「社会調査士」資格　年度別取得者

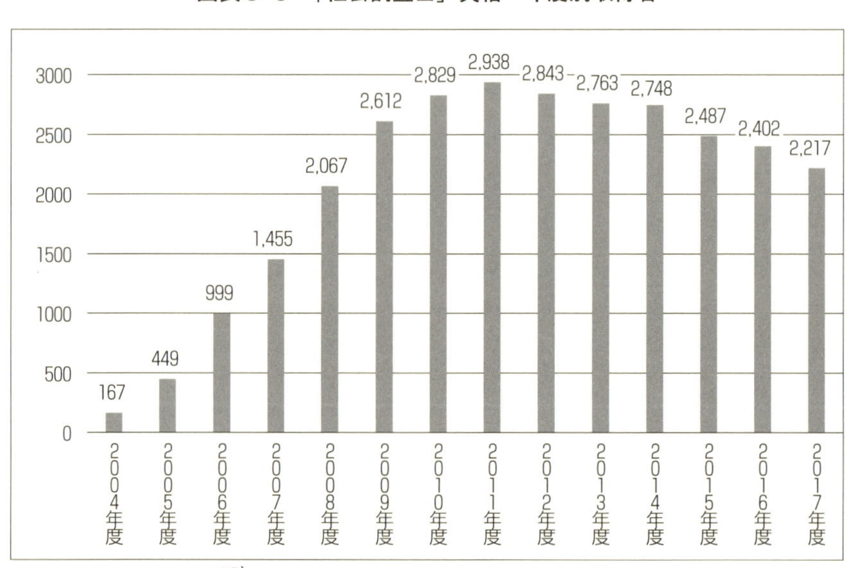

出所：「社会調査協会HP」[12)] をもとに筆者作成

都市周辺部にもさまざまな「社会問題」が存在し，アクセスしやすい場所が教育研究対象として選ばれやすい。

このように，社会学がその解決に貢献できるだろう社会問題に関しても，大学が比較的多い都市部，都市近郊の問題点を，地域からの要請がなくても大学が自発的に取り上げることとなり，実践的な解決に向けての活動が動き出すことになる。したがって，地方・地域における大学の存在，役割は非常に大きいといえる。

4　大学における商店街教育：アクティブ・ラーニング，問題解決学習・課題解決型学習

近年，大学での授業が一方向的で，学生は受け身で自発的に学修しないという点が指摘されてきている。「学ぶ」という行為は本来「自発的」なものであり，授業形態の１つである「講義」[13] は教員からの情報発信を契機に，その後学生が自発的に取り組むことが期待されている。したがって，「学生は自発的・アクティブ」な存在である。しかし，その理想像が実態とあわなくなってきていることもある。大学における学修については，その時間量が「単位」[14] として「大学設置基準」に規程されている。１単位の授業科目は45時間の学修を必要とする内容によって構成することを標準としている。したがって，半期２単位が基本となっている講義・演習では総学修時間は90時間となり，教室で行われる２時間15回，合計30時間の授業に対して60時間の課外学習（授業１に対して予習・復習が２）が求められている。しかし，授業外の「自発的な」学修に関して，これまで教員の指導が適切になされてきたとはいえない。近年では，これらの反省を踏まえて，授業内容を示すシラバスに予習復習の課題，内容が明記されることが求められている。

現在，中学・高校においては，「アクティブ・ラーニング（自発的学習：Active Learning）」[15] や「問題解決学習・課題解決型学習（Problem Based Learning：Project Based Learning）」，従来の授業における知識教授と課外学習の内容を逆転させる「反転授業（flip teaching）」など，児童・生徒の自発

的学修を促す形態の授業も取り入れられてきている。これらの方法で学んできた学生にとっては，大学での授業も従来型の講義形式では対応できなくなるかもしれず，アクティブ・ラーニング等の授業形式へと移行させる必要があるかもしれないのである。

多くの大学の周辺，近隣には商店街が存在するであろう。大学と商店街が連携してその課題を解決するために提携，協定を結んでいる事例もある。大学と商店街が協働して，商業的な問題だけでなく，地域社会の課題を解決するための教育研究の下地はさらに整いつつある。

変革をもたらす人々として「若者・よそ者・バカ者」が鍵となるとされている[16)]。若者は客観的な年齢だけでなく情熱をもって取り組むことができる人，よそ者は外部からの来訪者的に客観視できる人，バカ者は馬力のある人，あるいは従来の常識的な考え方を知らない，固定観念に縛られていない人，であるが，大学生はこれらの要素を備えている人々であろう。商店街にとっては，これらの大学生の視点を導入することによって地域における課題を解決できるばかりでなく，また顧客である大学生を獲得できる好機でもある。大学にとっても教育研究の場を得ることができるとともに，地域貢献，社会貢献ができることにもなる。4年間を周期として新たな人材が供給されることにもなる。商店街からすれば，大学の4年間で卒業してしまう，一人前の人材として育った時期に商店街と関わらなくなってしまうので残念であると筆者も指摘されたことがある。しかし，学生を卒業させることは大学の使命であり，これは大学としては卒業後のキャリアサポートをどうするかの部分でもあるのだが，商店街としても「新社会人」との関係をどのようにもち続けられるかを考えていただくべきであろう。

5　最後に提言：商店街の学際的・協働的・総合的な研究に向けて

現在，商店街は空き店舗が目立つようになってきている。商店街を消費生活の場としてみた場合，商店街周辺に住む人々の生活に提供される商品やサービスの一部を欠くことになり，とくに高齢者や年少者に大きな影響がある。地域コミュニティとしても，地域住民としての商店主が空き店舗を住宅として住み続けるのであれば，メンバーが減ることはないが，住居としない場合にはコミュニティのメンバーが減少することになる。

商店街は，商業を基本とするために，経済学，経営学，商学において，研究されることが多かったが，商店街が生活の場，地域コミュニティとして議論される場合，社会学的視点が必要である。ただ，社会学の弱いところは，経済学・経営学・商学が商店の売り上げに直結するような実践的なスキルをもっているのに対して，そのような貢献があまりできない点である。しかしながら，商店主，買い物客，地域住民など商店街に関わる人々の生活をどうするか，商店街を含む地域，社会全体をどうするかといった視点や問題意識や解決策をもっている。

商店街は商業としての場所だけでなく，生活の場，地域コミュニティとしての場でもあり，商店街全体をより良いものにしていく必要がある。今後の商店街の研究は，それらのさまざまな学問領域の長所を活かしつつ，学際的で協働的で総合的な研究が必要である。

（栗田　真樹）

注

1）連字符社会学としては，たとえば「家族社会学」「地域社会学」「農村社会学」「都市社会学」などがある。
2）社会全体の特徴を表す言葉としては，たとえば「情報社会」や「産業社会」，近年では「少子高齢社会」であろう。
3）「消費社会」の英語は“Consumer Society”であるが，この概念が輸入概念とするならば「消費社会」ではなく「消費者社会」と訳出すべきかもしれない。森［2010］。
4）ダーレンドルフ［1973］。
5）前屋［1999］。
6）栗田［2015］。
7）https://www.e-stat.go.jp/stat-search/files?page=1&toukei=00400001&tstat=000001011528（2018年１月30日閲覧）。
8）https://www.e-stat.go.jp/stat-search/files?page=1&toukei=00400001&tstat=000001011528（2018年１月30日閲覧）。
9）事例としては青森市，富山市などがコンパクトシティの事例としてあげられることがある。
10）中野［1970］。
11）一般社団法人社会調査協会ホームページ　http://jasr.or.jp/index.html（2018年１月30

日閲覧)。

12)　http://jasr.or.jp/participation/organ_index.html（2018年1月30日閲覧)。

13)　その他授業の形態としては，演習，実験，実習および実技が「大学設置基準」で規程されている。

14)　講義および演習については，15時間から30時間までの範囲で大学が定める時間の授業を1単位，実験，実習および実技については，30時間から45時間までの範囲で大学が定める時間の授業を1単位としている。

15)　中央教育審議会では「アクティブ・ラーニング」を「教員による一方向的な講義形式の教育とは異なり，学修者の能動的な学修への参加を取り入れた教授・学習法の総称。学修者が能動的に学修することによって，認知的，倫理的，社会的能力，教養，知識，経験を含めた汎用的能力の育成を図る。発見学習，問題解決学習，体験学習，調査学習等が含まれるが，教室内でのグループ・ディスカッション，ディベート，グループ・ワーク等も有効なアクティブ・ラーニングの方法である。」としている。中央教育審議会（2012年（平成24年）8月28日）“用語集”「新たな未来を築くための大学教育の質的転換に向けて―生涯学び続け，主体的に考える力を育成する大学へ（答申)」文部科学省。

16)　真壁［2012］。

引用・参考文献

新　雅史［2012］『商店街はなぜ滅びるのか　社会・政治・経済史から探る再生の道』光文社新書。

栗田真樹［2015］「『マーケティングの社会学』と『社会学のマーケティング』」『流通科学大学論集―人間・社会・自然編―』第28巻第1号，29-41頁。

田中道雄［1995］『商店街経営の研究―潮流・変革・展望』中央経済社。

中野秀一郎［1970］『体系機能主義社会学』川島書店。

前屋 毅［1999］『全証言 東芝クレーマー事件』小学館。

真壁昭夫［2012］『若者，バカ者，よそ者 イノベーションは彼らから始まる！』PHP新書。

森真一［2010］『「お客様」がやかましい』筑摩書房。

R.ダーレンドルフ著，橋本和幸訳［1973］『ホモ・ソシオロジクス―役割と自由』ミネルヴァ書房。

第6章

商店街組織の課題再考
—組合員の離脱と組織の環境整備について—

1 はじめに：商店街の衰退

筆者が勤務する大学の近所にシャッター通りがある。昼間であるにもかかわらず，その存在は誰からも気づかれないほど，ひっそりと姿を隠している。すでにシャッター「路地」となっているのだ。筆者は大学近隣の出身であるため，40年前この場所がどれだけ賑わっていたかをよく知っている。

商店街は小売店舗が集積することで相乗効果を発揮し，集まった店舗の魅力の総和以上の価値が生じる（はずである）。その価値によって商店街は来街者を獲得し，その来街者を店舗が顧客化することで利益を生み出す。店舗は商店街内に位置することで，自店の魅力だけでは集客できなかった顧客を獲得できるようになる（はずである）。

商店街は競合に対する優位性を高めるために店舗を組織化し，一体的な活動を通じてその魅力に磨きをかける。これが商店街と店舗の本来の姿であった。

しかし，競合に対する店舗の優位性が失われると，商店街を訪れる顧客に対する販売力は弱まり，売上減少がはじまる。そのような店舗が増えると商店街の魅力も損なわれ，今度は来街者の減少がはじまる。そして，店舗の売り上げはますます減少していくことになる。

店舗の売上減少が止まらなければ，そのうち閉店といった事態に見舞われる。

空き店舗は衰退の結果であり，衰退が可視化された状態である。その数が増えるとシャッター通りとなり，その最終形態は，そこに商店街が存在していたことすら忘れ去られてしまう風化であろう。

残念ながら，商店街（もしくは店舗）の衰退を食い止める秘策はない。明らかなことは，競合を押しのけ，近隣の顧客から支持されなければ生き残れないというシンプルな法則が存在しているだけである。そして，この現実に商店街や店舗がどのように向き合うのかということになる。

このような議論は幾度となく繰り返されてきたはずであり，今後も続けられるであろう。本章では，その議論の延長戦として，商店街の組織と店舗の関係にフォーカスし，シンプルな構えで周知の事象を見つめ直すことにする。そして，当たり前で凡庸な提言を行うことにする。無邪気すぎる考察によって，商店街に関わっておられる小売業者の皆さんと，改めて議論するための当たり前の視点を取り戻したいと考えている。

2　商店街活動からの離脱

中小企業庁が公表している「平成27年度 商店街実態調査報告書」では，「商店街組織内部に係る問題」として図表6-1の項目をあげている。

もっとも多い問題が「組合員の商店街活動に対する意欲の低下（58.1％）」であり，次いで「組合員の減少（53.4％）」となっている。半数以上の商店街組合において組織活動が消極的になっていることがわかる。

前々回の調査（平成21年度）では，組織活動への組合員の関わり方に関する調査項目はなかった。しかし，前回（平成24年度）より，組合員同士の連携・協力が上手くいかない要因の選択肢として，「商店街活動に対して組合員が無関心」の項目が加えられている。以前から，商店街組織における組合員の消極性は課題としてあげられてきたが，組合員の実質的な離脱が深刻さを増しているのではないかと考えられる。

商店街の魅力を構成する中心的要素は店舗が集積していることである。集積によって消費者の移動や探索のコストが削減されるだけではなく，空間が醸し

図表６-１　商店街組織内部に係る問題（単位：％）n＝2,945

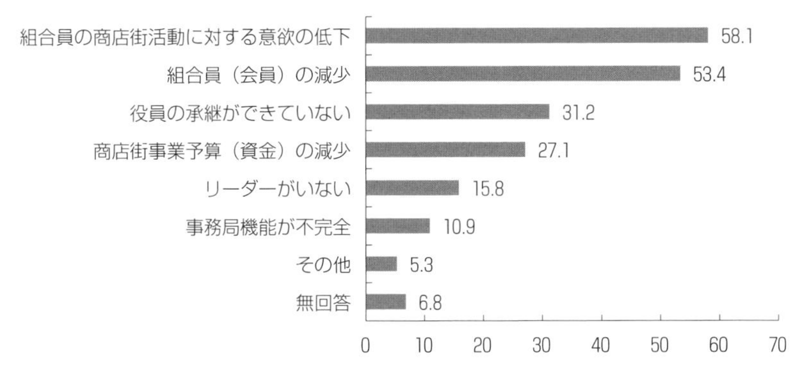

出所：中小企業庁［2016］54頁

出す雰囲気という経験的価値も魅力を構成する重要な要素となっている。

しかし，商店街の魅力は単に店舗の集積だけで自動的に生み出されているわけではない。その魅力に磨きをかけるべく，道路舗装，アーケードや街路灯の設置など，さまざまなハード設備事業が行われている。併せて，クーポン券の発行，商店街マップの制作，イベントの開催などのプロモーション事業も行われている。

商店街の組合組織は，これらのハード的・ソフト的な事業によって商業集積地としての魅力を向上させているのである

これらの事業には公的資金が投入されているものの，その前提として，現金費用（組合費・事業費）の支払いおよび組合員による事業運営（時間・労力の提供）が必要となる。そのため，組合員の離脱（脱退・未加入）や取り組みへの消極性は，その前提を危うくし，商店街の魅力低下を引き起こす要因となる。このような懸念は，衰退している（または衰退が懸念される）商店街だけではなく，いわゆる賑わいのある商店街組織にも生じつつあるのではないかと考えられる。

次節では，商店街組織からの離脱や消極性の背景について考察する。

3 離脱の背景と対処の方向性

(1) 人間関係の希薄化

商店街には長年にわたりその地域で商売を続けている店舗が少なくない。そのため，商店街組織の活動に参加する動機として，「近所づきあい」「町内会」のような地縁的つながりによるところがある。次節以降で見る「フリーライド」といった問題は，この地縁によって，良い意味で覆い隠されてきたのではないかと考えられる。

しかしながら，近年の人間関係の希薄化は，地元の小売業者の間でも，世代交代の度に徐々に進行していると考えられる。商店街の組織運営にも，その波が押し寄せていると言えるであろう。ましてや，チェーン店が増えてくると，地域に縁がない店長と地元の店主たちとの間に，昔のような密度の高い人間関係を維持することは容易でない。

このようなことから，商店街組織の活動に参加するという縛りが緩み，組織としての活力が低下しやすい状況になっていることが懸念される。また，現在の商店街のリーダーが人間関係の希薄化に抗うための行動を起こしていない可能性もある。

地元への想いや愛情，絆といった，地縁に代わる若い人達の新しいつながり方に期待を寄せながらも，まずは現在のリーダーによる新しい担い手達に対する「寄り添い」「コミュニケーション」が不可欠であると考えられる。

(2) 競争圧力の高まりと売上減少

業者間の競争圧力は高まっており，売上低下という苦境に見舞われている小規模店舗は少なくない。本質的なイノベーションを起こさない限り，従来のビジネスモデルのままで売上維持を果たすには，低価格化，労働時間の延長，追加的な販売促進策など，コスト増の取り組みを強いられることになる。

そうなると，店主が自店の経営に対して熱心に向き合おうとすればするほど，商店街活動に配分するコスト（費用・時間・労力）を圧縮したいという考えに傾きやすくなる。

本来的には，商店街への投資を怠ると魅力が減少し，回り回って自店の集客にマイナス影響を及ぼすことになる。しかし，その悪影響がいつ頃どの程度の規模で生じるのか具体的に知る手立てがないため，自店の明日の売り上げというリアリティの高い危機への対処が優先されることになる。

ここで検討すべきことは，商店街組織における活動のあり方が，参加するか否か，ゼロか1かという選択ではなく，多くの組合員が広く浅く活動に加わることができる新しい仕組みづくり（組織活動の平準化）と，作業時間の圧縮，すなわち効率化の方法であろう。この点にいては，第4節で述べることにする。

(3) フリーライドの構造

店舗は，商店街内に位置していることで，対価の支払に関係なく，魅力という便益を受けることができる。もちろん，商店街マップにおける店舗紹介など，プロモーション事業の直接的な便益は，対価（組合費・事業費等）を支払っていない店舗は受けることができない。しかし，商店街の魅力によって，自店だけでは実現し得ない潜在顧客（来街者）の獲得の可能性が向上するという便益は，対価を支払わなくても享受できる。すなわち，商店街が提供する便益の一部はフリーライド1）可能となっている。

図表6-2は，店舗による現金，時間，労力などの投資の観点から，商店街の魅力創出のためのコスト要素とフリーライドの関係性を示した図である。

「店舗の魅力コスト」とは，店舗の魅力を生み出すためには，店舗における経営への多様なコスト負担が必要であるという意味である。「事業運営コスト①（現金費用）」とは，組合費やハード・ソフト事業を実施するために支払う直接的な費用である。「事業運営コスト②（時間・労力）」とは，商店街組織の事業を運営するために組合員が使う時間や労力というコストである。

これらのコストに対する負担の程度によって，店舗を（A）（B）（C）の3パターンに分類することができる。

「店舗（A）」は，商店街組合に未加入であり，商店街の魅力創出に「店舗の魅力コスト」だけを投資（貢献）している状態である。「店舗（B）」は，組合に加入してはいるが，組織活動に消極的であり，「店舗の魅力コスト」以外に，

図表6-2　商店街の魅力を創出するコスト要素とフリーライド

商店街（の魅力）

店舗(A)－組合未加入－
店舗の魅力コスト

フリーライド（a）

店舗－組合加入－

店舗(B)－消極的－
店舗の魅力コスト
事業運営コスト①（現金費用）

フリーライド（b）

店舗(C)－積極的－
店舗の魅力コスト
事業運営コスト①（現金費用）
事業運営コスト②（時間・労力）

出所：筆者作成

組合費・事業参加費などの事業運営における現金費用，すなわち「事業運営コスト①（現金費用）」の負担だけにとどまっている状態である。「店舗（C）」は，「店舗の魅力コスト」「事業運営コスト①（現金費用）」の負担に加えて，商店街事業の運営に自らの時間や労力を投入している，すなわち「事業運営コスト②（時間・労力）」まで負担している状態である。

商店街におけるフリーライド問題は，フリーライド（a）とフリーライド（b）の２つに分けて議論する必要がある。

フリーライド（a）は，店舗（B）（C）によって生み出されている魅力に店舗（A）がフリーライドしている状態である。振興組合の場合は，商店街内の店舗の３分の２以上が組合員になっていることが前提であるため，フリーライドする側の店舗数は，される側の店舗数よりも少ないと考えられる。ただし，どの範囲を商店街として定義するかによって店舗（A）の規模は異なる。

フリーライド（b）は，組合内の課題であり，店舗（C）によって生み出されている魅力に店舗（B）がフリーライドしている状態である（もちろん，店舗（A）もフリーライドしている）。ここでは，フリーライドされている店舗（C）の数が，店舗（B）よりも圧倒的に少ない状況となっている。つまり，商店街の事業運営について，一部の組合員が大きなコストを支払っているのである。景気が良かった時代には，彼らのことを「有志」と表現できたが，現在では「しわよせ」と言わざるを得ないケースも出てきているのではないかと考えられる。

フリーライドへの対峙については，第４節で述べることにする。

⑷　コスト提示の限界

フリーライドをしている店舗については，多様な見方が可能である。

たとえば，商店街組織に未加入ではあるが，経営努力をしている店舗（A）が商店街の魅力創出という点では，店舗（B）（C）よりも大きな貢献をしていると言えるかも知れない。また，「商店街から恩恵を受けるどころか，個性のない店舗が増えて，マイナスの影響を受けている」というような反論もあり得るであろう。

このような議論は原理原則を見つめ直すうえで必要である。しかし，彼らと議論を尽くしたとしても，商店街の魅力の効果や価値を数値や現金に置き換えて提示することは困難であると言わざるをえない。そのため，少なからずフリーライド問題が発生しているという疑念はあるが，そのフリーライドに対して，どの程度のコスト負担が適切であるのか明言できないもどかしさがある。

自店の経営に四苦八苦しながらも，商店街組織の活動に時間と労力を投資している店舗（C）の立場からすれば，「損をしている」「割に合わない」「正直者が馬鹿を見る」といった気分だけが残されたままとなる。

おそらく，このような理不尽な気分は，これまで地縁や同調圧力によって希釈されてきたのではないかと考えられる。しかし，このような効果は，徐々に期待できなくなるであろう。

4　フリーライド問題への対峙

⑴　未入会店舗

フリーライド（a）への対処については，まず脱退した店舗への再加入のアプローチと，新規出店者の情報を確実に捉えて加入を促すといった当たり前の作業が不可欠であろう。多くの企業が行っている法人営業と同じである。執拗な取り組みが求められる。

また，組織への参加価値を見える化するために，販促活動の効果（とくに各店舗への送客効果）を高めなければならない。たとえば，ホームページ，ガイドブック，クーポン券などのオーソドックスな取り組みから，LINEなどを使った顧客とのコミュニケーションなど，方法は多様である。来店時に提示してもらうクーポン券などと組み合わせれば，部分的ではあるが来店の効果測定は可能である。

「そのような取り組みは，過去に何度も実施したが，効果は見られない」と結論づけてしまうのは残念な見方である。工夫の余地は多分に残されているのではないかと思われる。また，いくつかの店舗で集客の効果が見られれば，その事実は新規入会や組織活動を促すキッカケになるはずである。

⑵　組織の環境整備：効率化と平準化

フリーライド（b）については，商店街組織の活動に参加しやすい環境を整えることから始めなければならない。

まずは，組合内の業務効率化であろう。たとえば，中小企業を含む多くの企業で採用されているクラウド型のグループウエアやプロジェクト管理の仕組みを使えば，意思疎通や作業の進捗管理に費やされる時間は削減される[2)]。また，Skype，LINE等で提供されているビデオ会議システムを活用すれば，会議場所や開催時間に縛られず，時間を有効に使うことができる。これらのツールは若手のものだけではない，組織内で講習会を開いて支援すれば，誰れでも使えるようになるはずである。

さらに，業務の平準化も必要である。つまり，商店街組織で発生する業務を広く浅く負担し合うということである。事業の企画業務，組合店舗への資料等の配布・回収や連絡業務，未加入店舗への組織入会の勧誘業務など，組織内には多様な業務が発生している。これらの作業は細かく分解できるはずである。

「チラシの配布くらいは手伝っても良い」「あの店の店主とは知り合いなので声がけくらいはできる」というように，多少の作業量であれば手伝っても良いという組合員は少なからずいるはずである。しかし，ひとたび商店街活動に参加表明すると大量の作業が待ち受けているため，二の足を踏むことになる。効率化・平準化によって，このような状況から早く脱する必要がある。

(3)　本当に人材不足なのか？

筆者が関わらせていただいた商店街振興組合の例をあげておきたい。同商店街で，組合業務への参加意欲について無記名のアンケート調査（調査対象約90店舗）を実施したことがある。その結果，「商店街の運営に参加可能か？」という質問に対して，「手伝っても良い」が19.1％，「少しくらいなら手伝っても良い」が46.0％となり，半数以上の店舗が参加することに意欲を示す結果となった。

これは，先にみた「商店街実態調査報告書」の結果とは大きく異なっている。だからといって，同商店街の組織活動に多くの組合員が参加し活発に動いているというわけではない。他の商店街と同じように，人材不足が深刻化しているのである。

このアンケート結果を割り引いて考えたとしても，同商店街について言えば，少しなら手伝っても良いという店舗が存在している。しかし，その方々に対する作業依頼が不十分になっている可能性がある。リーダーが「寄り添い」「コミュニケーション」を実践し，効率化・平準化を意識しながら，デジタルツールを組み合わせ，広く浅く効率的に組織活動へ参加できる環境を整えていく必要がある。

5　最後に提言：当たり前を見つめ直す

人通りの少ない寂れた商店街で自分の店だけが光り輝いているというような状況は想像しにくい。これから数十年間，今の店舗で頑張りたい，ここから店舗を広げていきたいと考えている若手店主の方々にとって，商店街の魅力を維持・向上させるための投資は決して無駄ではないはずである。

本章では，商店街の組織と組合員である店舗の関係にフォーカスして，当たり前の考察と提言を行った。当たり前とは，繰り返し語られてきた理想論としての原理原則である。あくまで方向性であり，それを実行するための具体的な戦術（作戦）については試行錯誤が必要である。お店の数だけ方法があるように，商店街の数だけ方法がある。

商店街組織の実情を知っている方にとっては，「それができれば苦労しない」ということになるであろう。しかし，誰にでも容易に成果が出せる秘策はない。取り組みが難しいからこそ，実現したとき，競合に対する大きな優位性を生み出せることになる。

厳しい競争にさらされているのは商店街や小規模店舗だけではない。生き残っているのは，原理原則に向き合い，それを実現するために悪戦苦闘している方々ではないかと思う。方法はまだまだ残されているはずである。

（名渕　浩史）

注

1）フリーライドとはコストを負担せずに便益だけを得る行為である。
2）たとえば，兵庫県神戸市にある垂水商店街振興組合では，グループウエアを使ったイベント事業運営が報告されている（中小企業庁［2017］）。

引用・参考文献

田中道雄［1995］『商店街経営の研究―潮流・変革・展望』中央経済社。
中小企業庁［2010］「平成21年度 商店街実態調査報告書」。
中小企業庁［2013］「平成24年度 商店街実態調査報告書」。
中小企業庁［2016］「平成27年度 商店街実態調査報告書」。
中小企業庁［2017］『はばたく商店街30選』。

第7章

商店街における地域資源活用とブランド構築の戦略課題

1 はじめに：人口減少時代を迎えた商店街の地域資源活用

商店街の活性化は，これまでハードにせよソフトにせよ，さまざまな支援事業が行われてきた。にもかかわらず商店街の活気は失われ，空き店舗が占める「シャッター通り」になっている商店街は少なくない。これから人口減少時代を迎えるにあたり，商店街はますます衰退していくことが危惧される。

本章の問題は，今後の商店街の活性化を考えるにあたり，地域資源活用というアプローチから商店街のブランド構築の可能性を探ることにある。この問題意識に至った取り組みとして，筆者が2017年度に委託された一般財団法人大阪商業振興センターの振興事業である「商店街魅力発掘専門家事業」のプロジェクトにおいて，大阪所在の7箇所の商店街の魅力発掘調査を行い，当該商店街の課題から具体的に魅力発掘のアイデアを考え，提言したことによる。そのアイデアと商店街事例は紙面の都合で紹介することはできないが，その際の中心に据えたフレームワークについて，本章で改めて整理し考察する。

筆者は魅力を考えるうえで，商店街や個店だけではなく，地域から捉える視点が重要だと考える。地域から捉えることによって商店街や個店も地域の資源の1つと捉えることができ，地域のさまざまな資源の発掘や組み合わせによる活用を考えることによって，これまで発見できなかった（あるいは見逃されてきた）地域や商店街の価値を創る可能性があるのではないかと考えた。

本章では，今後の日本が人口減少社会を迎えるにあたり，商店街が直面する課題について必須の与件を整理し，今回のプロジェクトに必要なフレームワークを検討しながら，地域資源活用のアプローチについて考察する。

2 人口減少に伴うこれからの商店街が直面する課題

(1) 小売販売額の減少・市場規模の縮小

日本の人口は1億2,709万人（2015年）であり，2010年にピークを迎えてから減少傾向をたどっている。国立社会保障・人口問題研究所の「日本の将来推計人口」によると，50年後（2065年）には8,808万人と推計され，日本は本格的に人口減少社会と対峙することになる。

小売業は人口減少の影響を直接的に受ける。図表7-1は2004年から2014年の10年間の小売業販売額の増減率と，同じ期間における人口増減率の関係を都

図表7-1　人口と小売業販売額の関係

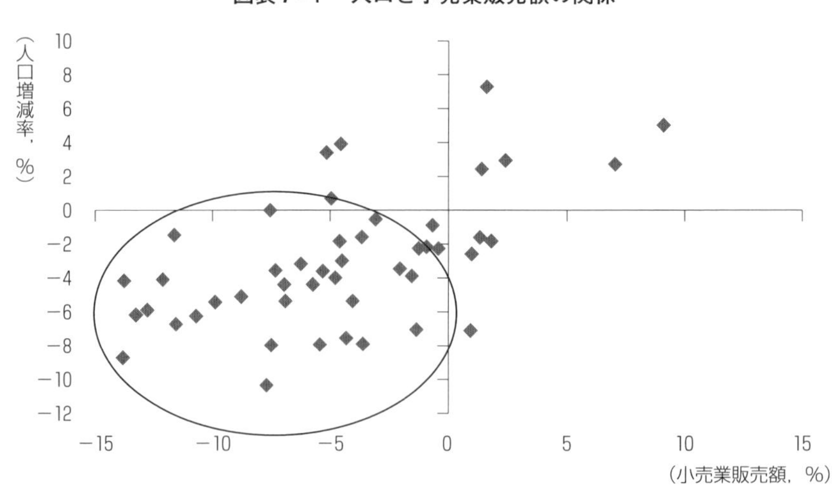

出所：細尾［2016］134頁をもとに筆者作成

道府県ごとにプロットしたものである[1)]。都道府県の多くで，人口減少に伴い小売業販売額は減少している。

2015年～2040年までの推計人口と小売業販売額の都道府県別の試算では，すべての都道府県で小売業の販売額は減少し，国内の小売市場は４半世紀の間に２割近く減少するという予測もある[2)]。今後，人口減少によって市場規模は縮小し，現状の売り上げを維持するのは困難になってくるだろう。仮に50年後の人口減少で考えると，同じ売上水準を維持するには約1.4倍の小売業販売額を実現しなければならない[3)]。現状で２人分の購入は，これから人口が漸減する中で，およそ３人分の購入が必要となってくる計算である。

人口減少で新規顧客の獲得が困難になってくる時代に，継続的に売れる仕組みが求められるという難題が待っている。マーケティングでいえば，企業にとってブランドベースの競争で，いかにロイヤルティの高い顧客になってもらえるかがカギとなる。顧客と企業との価値交換を通して，中・長期的に「絆」のような関係が形成されることが理想像と考えられる。

これからのマーケティングのあり方として，佐藤［2018］の「ファンベース」はこの難題の解決に大きなヒントを提唱している。顧客の中でも高関与層である「ファン」をベースに中・長期的に価値や売り上げを上げていく考え方である。ファンの支持を強くする３つのアプローチとして「共感」,「愛着」,「信頼」があり，さらに「ファン」の支持をより強化する「熱狂」,「無二」,「応援」アプローチは「ファンベース」の発展型として提示されている。

⑵　地域の魅力とコミュニティの機能低下

2015年度の国土交通白書によると,「人口減少を地域のどのような場面で実感するのか」について,「商店街にシャッターが下りたままの（空き）店舗が増えた」と回答する割合が半数を超えてもっとも多い結果となっている[4)]。

商店街に空き店舗が増えてシャッター通りになると，商業集積としての回遊性が低下し，地域の「にぎわい」が散らばり，商店街の街らしさや一体感が見えず，廃れた商店街のイメージを与えてしまうことになる。その結果，商業としての魅力は失われることになる。

人口減少は商店街における商業の問題にとどまらず，地域のさまざまな場面

図表7-2　人口減少の悪循環のイメージ

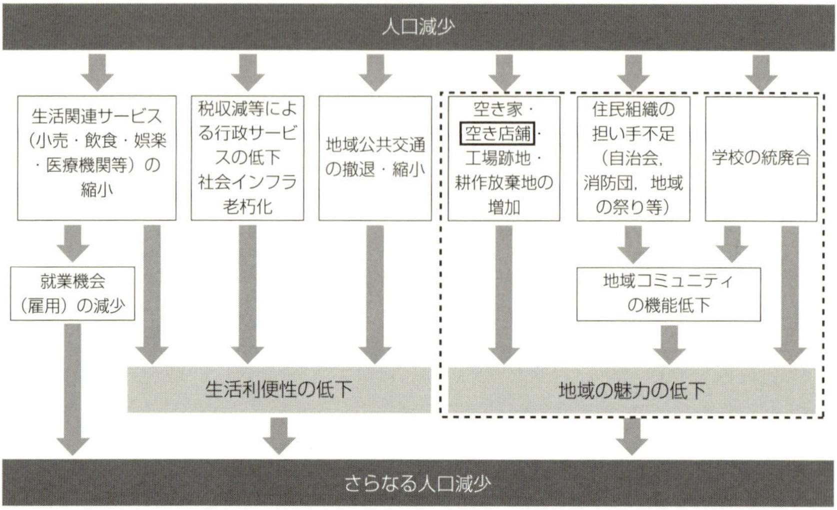

人口減少
生活関連サービス（小売・飲食・娯楽・医療機関等）の縮小
税収減等による行政サービスの低下
社会インフラ老朽化
地域公共交通の撤退・縮小
空き家・空き店舗・工場跡地・耕作放棄地の増加
住民組織の担い手不足（自治会，消防団，地域の祭り等）
学校の統廃合
就業機会（雇用）の減少
地域コミュニティの機能低下
生活利便性の低下
地域の魅力の低下
さらなる人口減少

出所：国土交通白書［2015］22頁をもとに筆者作成

で影響を与え，それが悪循環になることが危惧される。図表7-2は人口減少によるさまざまな地域活動が縮小することによって，生活利便性と地域コミュニティの低下をもたらし，それが更なる人口減少につながる悪循環を招く構造であることが示されている。

とくに，商店街は，神社・仏閣，街道沿い，駅前，中心市街地など人が集まるところに，長い歴史の中で自然発生的に商業集積を形成し，その中でこれまで地域コミュニティを中心的に担ってきたところも少なくない。

人口減少によって地域コミュニティ機能は低下していく。たとえば，生産年齢人口（15歳以上65歳未満）の減少によって町内会や自治会，祭りなどのイベントを実施する担い手は不足するだろう（商店街組合の担い手も不足するだろう）。少子化によって児童・生徒数の減少が予想され，学校が統廃合されると地域の祭りのような伝統行事は継続できなくなる。年少人口（15歳未満人口）の減少は地域の伝統文化の継承を難しくさせるだろう。

このように地域活動が縮小することによって，住民同士の交流の機会は減少し，地域のにぎわいや地域への愛着が失われていくことも起こりうる。商店街の存在は地域との関係が密接であり，地域住民を中心に交流を促進し，コミュニティを形成することによって，商店街という存在を改めて地域の魅力（≒ブランド）として認識してもらうことが求められる。

3 商店街魅力発掘プロジェクトのフレームと地域資源活用

(1) 商店街魅力発掘プロジェクトの概念フレーム

商店街（あるいは地域）における魅力発掘という名のプロジェクトや支援事業は多くあるが，魅力および魅力発掘について明確な定義があるわけではなく，方法も含めて専門家や実施主体に任せられているのがほとんどである。

今回のプロジェクトの目的は，「商店街や小売市場が持つ魅力，商店街等を構成する各個店が持つ魅力，さらには商店街周辺の魅力を掘り起こし，その魅力情報を収集・拡散させ，商店街に来街者を呼び込み活性化を図る[5)]」ことであった。ポイントは周辺の魅力を加えることで，商店街の外部である「地域」を対象に入れることにより，地域の魅力を含めて商店街・個店の活性化につなげられるかどうかである。

魅力をどう捉えるのか。魅力を概念的にいえば，ブランド論の「価値」に当たる。魅力の対象として地域における資源が想定されているが，資源は必ずしも「資源＝価値」の関係ではない。地域には多くの資源が存在するが，すべて価値があるわけではなく，潜在的なものもあれば顕在的なものも含まれる。したがって，資源は価値をもってはじめてブランドとして認識される。

図表７-３は，今回の商店街魅力発掘プロジェクトから考察した概念フレームである。個店，商店街（小売市場）を含む「地域」を捉えて，商店街の魅力について地域資源の価値を発見する取り組みとした。

当然ながら発掘した地域資源は価値づくりを行い，その意味や情報を的確に伝えるべき人に伝え，集客につなげていくことが求められる。魅力発掘の最終ゴールは価値を発見するだけでなく，価値づくりを中・長期的に行い，継続的なマネジメントの結果，地域における資産と認識されることが目標である。そ

図表7-3　商店街魅力発掘プロジェクトの概念フレーム

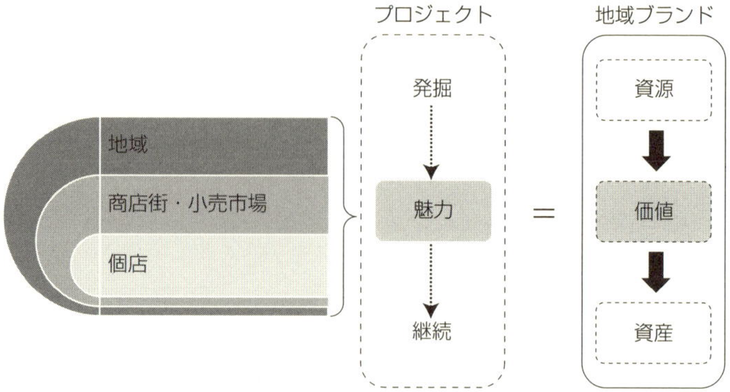

出所：筆者作成

の意味で「未完」であるが故に，絶えず継続追求していくことがブランドの進化であり，強いブランドは結果として資産的価値を高くしているといえる。

アーカー（Aaker, D.A.［1991］邦訳［1994］）のブランド・エクイティ論で地域資産を解釈するならば，その地域ないし地域資源において①継続的に購入し何度も訪れる，②多くの人々に広く知られている，③質の高いモノやコトだと知覚されている，④強くて好ましくユニークな連想がある，⑤地域の特産品（技術含む）や集積としてのメリット，商標で保護されているなどの資産的価値を形成している地域のモノ・コト・場所であることが解釈できる。

(2)　地域資源活用のアプローチ

中小企業庁の「地域産業資源活用促進法」では地域資源活用の対象を「地域産業資源」として①農林水産物，②生産技術，③観光の３つを捉えているが，地域資源に明確な定義があるわけではなく，地域に存在する特徴的なもので資源として活用可能なモノ・コトはすべて地域資源として捉えられている。近年は観光的な視点も加えて，「景観」，「自然」，「歴史・文化」，「体験・交流」，「施設」，「情報」，「人的資源」などが代表的な地域資源として捉えられている。

地域活性化につながるための資源活用方法の発想として，大きく２つのアプローチがあると考えられる（図表7-4参照）。

１つはコンセプトベースのアプローチで，独自のコンセプトやストーリーか

図表7-4　地域資源活用のフレームイメージ

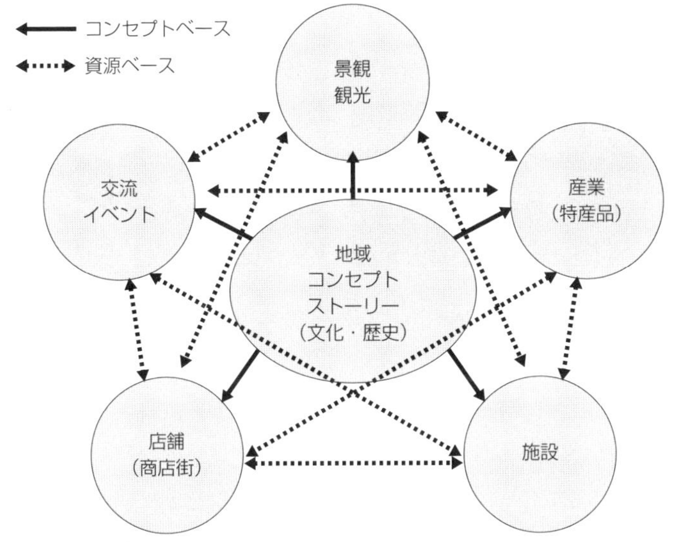

出所：筆者作成

ら地域資源を活用する方法である。当該地域のイメージやコンセプトが明確でストーリーが確立している場合，それにあわせて景観・観光，店舗・商店街，特産品，交流・イベントなどの地域資源を組み合わせる方法である。

たとえば，鳥取県境港市の「水木しげるロード」，東京都豊島区の「巣鴨地蔵通り商店街」，大阪市中央区の「千日前道具屋筋商店街」，滋賀県長浜市「長浜商店街」などは，コンセプトベースを軸に地域資源を組み合わせることによって商店街ならびに地域全体の価値（ブランド）を高めている。

しかし，上記のようにコンセプトベースで展開できる商店街は一部であり，代表的な広域型商店街の成功ケースであるが，すべての商店街に考えられるアプローチではない。そのコンセプトやストーリーは制約になることもしばしばあるが，歴史的な形成だけでなく長期的な戦略やマネジメントが求められるのがコンセプトベースのアプローチといえる。

多くの商店街の場合，特に近隣型や地域型商店街はコンセプトベースで地域資源の活用を進めるのは難しいだろう。その場合は，資源ベースのアプローチをとり集客に貢献しそうな地域にある魅力的な資源を組み合わせる方法が考え

宮崎県日南市の「カープ一本道」

出所：筆者撮影6）

られる。

一例を挙げると，宮崎県日南市の油津商店街では，広島カープのキャンプ地である天福球場が近隣にあり，空き店舗にカープ選手の（キャンプ地でしか見られない）展示品やグッズ販売を行う油津カープ館をオープンさせ，優勝争いにはファンの交流イベントを行うなど，商店街に地域内外から広島カープファンが訪れ，商店街活性化の一役を担っている。

また，地域資源をうまく活用しているのはこの点だけではない。商店街から天福球場まで行く１本道を赤く舗装し（横断歩道も紅白に塗り分けられ），優勝時にはこの道でパレードが行われるなど，「カープ一本道」として広島カープファンの間では「聖地」と捉えられているほど人気のスポットとなっている。

「商店街」×「球場」×「舗装道路」という資源を組み合わせて活用し，「イベント・交流」を行うことによって商店街に活気が生まれ，地域の活性化に貢献している。これらの地域資源をうまく組み合わせることによって，地域の，商店街のブランド価値を高めている。

資源ベースで考えると，キャンプ地の球場が商店街の近隣にあるのは地域資源にとって恵まれた特別なケースかもしれないが，資源アプローチは特別な資源がなくても，地域内の特徴的な資源とその組み合わせによって価値を生み出すことができると考えられる。

地域資源は地域内に存在している資源であるが故に独自性や差別性をもっていることが少なくなく，その独自性を価値に換える発見や組み合わせが必要になるだろう。その意味で，地域資源がもつ情報や意味をまとめてつなぎ合わせ，新たな価値をキュレートすることが「魅力発掘」につながる。地域資源を活用した商店街の活性化は，地域の魅力を高める地域内外のさまざまな主体との連携を企画する商店街の内発力が求められるだろう。

4　商店街における「地域ブランド」の取り組みの現状と課題

「地域ブランド」の考え方が高まりつつある中で，商店街における「地域ブランド」の取り組みの現状は，極めて限定的である。平成27年度 商店街実態調査報告書によると，「商店街が実施しているソフト事業」の中で，「地域ブランド」に関する取り組みは「地域資源利用商品」で3.6％，「B級グルメ」で3.7％となっており[7]，あまり積極的に取り組まれていないことが指摘されている。

この点において，商店街における地域資源の活用があまりにも商品ベースの手段に偏っており，地域資源の捉え方と本来のブランドに関する考え方が不足しているように思われる。地域資源の活用は特産品などの商品開発やB級グルメがゴールではなく，単なる手段である。その地域独自の価値を生み出すことで，地域のブランド価値が高まることが地域ブランドの考え方であり，戦略的なブランド構築が必要である。

5　最後に提言：地域資源を活用した３つの戦略

人口減少時代を迎え，地域の魅力についてブランドの考え方をベースに価値を高めていくことは商店街の中・長期的な戦略課題といえる。商店街を取り巻く環境や，商店街のタイプ（「近隣」，「地域」，「広域」）によって考慮しなければならないが，今後の商店街が地域資源を活用した戦略を考えるうえで，大きく３つの戦略が考えられる。

１つ目は地域内の交流を促進して地域コミュニティをつくる戦略，２つ目は特産品，観光・イベントを行い地域外から当該地域への流入を高める戦略，３

つ目はこの２つを同時に行うハイブリッドな組み合わせの戦略である。

これらの戦略は商店街の置かれている状況によるが，地域資源の活用と組み合わせによって，当該地域のブランド価値を高めていくことができると考える。地域資源はそのポテンシャルも含めて価値形成が求められ，商店街をベースにその価値形成ができるかどうか，人口減少時代のターニングポイントになるだろう。

（稲田　賢次）

［付記］今回の「商店街魅力発掘専門家派遣事業」の機会を頂きました大阪商業振興センター業務執行理事の満薗賢司氏と今回のプロジェクトをご紹介頂きました田中道雄先生に感謝申し上げます。

なお，本章における誤り，不備等は筆者の責に属するものである。

注

1）　詳しくは細尾［2016］133-134頁を参照。データは総務省「人口推計」，経済産業省「商業統計調査（平成26年）」で分析されている。
2）　全国平均－18.8％。詳しくは細尾［2016］134頁を参照。国立社会保障・人口問題研究所「日本の地域別将来推計人口（平成25年３月推計）」，経済産業省「商業統計調査（平成26年）」で分析されている。
3）　あくまで人口ベースで１億2,709万人（2015年）を8,808万人（2065年）で割った計算。人口以外の要因も考慮する必要があることに注意する必要がある。
4）　この傾向は都市圏（51.6％）よりも地方（58.1％）が深刻な結果となっている。国土交通省［2015］『国土交通白書』21頁。
5）　一般財団法人大阪商業振興センター（平成29年度）「商店街魅力発掘専門家派遣事業」の募集要項より。
6）　第60回実践経営学会全国大会油津商店街視察時に撮影。
7）　中小企業庁［2016］「平成27年度 商店街実態調査報告書」77頁。

引用・参考文献

稲田賢次［2012］「第２章　ブランド論における地域ブランドの考察と戦略課題」田中道雄・白石善章・濱田恵三編著『地域ブランド論』同文舘出版。

木津涼太［2017］「株式会社油津応援団×木津涼太」実践経営学会第60回全国大会配布資料。

佐々木保幸・番場博之編著［2013］『地域の再生と流通・まちづくり』白桃書房。

佐藤尚之［2018］『ファンベース―支持され，愛され，長く売れ続けるために』筑摩新書。
田中道雄［2006］『まちづくりの構造―商業からの視角』中央経済社。
細尾忠生［2016］「人口減少が地域経済に与える影響～商業，製造業が衰退，サービス業，農業が活性化のカギに～」『季刊 政策・経営研究（三菱UFJリサーチ＆コンサルティング）』2016/11/09，129-147頁。
Aaker, D.A.［1991］, *Managing Brand Equity*：*Capitalizing on Value of a Brand Name*, Free Press.（陶山計介・中田善啓・尾崎久仁博・小林 哲訳［1994］『ブランド・エクイティ戦略―競争優位をつくりだす名前，シンボル，スローガン』ダイヤモンド社）

第8章

文化資本を活かした商業まちづくり

1　はじめに：地域商業の衰退

中小企業庁「平成27年度 商店街実態調査報告書」では，「繁栄している」と回答した商店街は2.2％であった。また，商店街当たりの空き店舗数の平均は5.3店（全体の13.2％）であり，空き店舗問題は多くの地域で取り上げられている。地域商業の「顔」と謳われる商店街がこのような状況では，今後も地域商業は衰退の一途をたどり，まちの活気は失われていくのだろうか。

この環境下において，神戸市兵庫区の湊川商業地周辺では，リノベーションなどを施した個性的な店舗で出店する新しい商業者が増えてきている。

調査をすると，その出店には湊川公園手しごと市という，感性の高い出展者による手作り作品マーケットの影響があることがわかった。

2　商業者とまちづくり

(1)　商業者とまちづくり

商業者によるまちづくりについては，『80年代の流通産業ビジョン』をきっかけとして，活発に議論されるようになった[1]。そのなかでは，商業者は，社会的なコミュニケーションの場，街並みの形成，伝統文化の継承などの社会的有効性，いわばまちづくりにも十分に配慮すべきとされた。

地域商業が衰退している現状においては，そもそも経済価値を生まずしてまちづくりの役割を担うということは難しい[2]。しかし，商店街などが主体となるまちづくりがうまくいかないとしても，地域に魅力的な店舗が増加することなどを通じて，より魅力的なまちが形成されることは必要である。

鶴坂［2003］は，大阪におけるアメリカ村や南船場，南堀江，中崎町などを例に挙げ，旧来の商店街とは別に，若者に支持され新しく勃興しつつある新商業集積を「新しい街」とし，その活況メカニズムを既存商店街の活性などに活かすべきとの提案をした。

佐藤［2003］は，その「新しい街」を滲出型自然発生型盛り場と表現して，そのライフサイクルパターンを，アメリカ村から南船場や南堀江に滲出する事例を基に記述している。

神戸においても，三宮センター街からトアロードが滲出するなど，同様のまち形成プロセスが観察される[3]。トアロードでは，アメリカ村を意識して1980年代ぐらいから出店がはじまり，「ブラッスリー・トゥーストゥース」がきっかけとなり洋風カフェや無国籍レストランが集積するようになった。そして，その店舗のオーナーたちは，大資本が参入してアメリカ村のように繁華することや，コモディティ化に対して強い対抗意識があるという。同様に，先述の南堀江においても，アメリカ村のようなコモディティ化を招かないよう商業者たちでユニオンの結成をしたとのことである。

(2)　ズーキンの描くジェントリフィケーション

ジェントリフィケーションとは，たとえば，原口［2009］は，「近代都市の形成過程において荒廃地と化していたインナーシティに新たな投資が行われ，新たな居住者が流入し，地域が刷新される現象」とし，「その基本的性格は労働者階級から中間階級への居住者階層の上方変動である」としている。しかし，その解釈は多岐にわたり，明確に定義することは困難であるとされている。

ズーキン（Zukin, S.）［1995］は，ジェントリフィケーション初期段階における飲食や小売店の状況について，文化資本の概念を用いて描いている。文化資本とは「家庭環境や学校教育などを通じて各個人に貯蓄され，さまざまな社会的行動の場面において有利－不利を生み出す有形・無形の領有物」であり，その形態は①客体化された文化資本［書物・絵画・道具など］，②制度化された文化資本［学歴・資格など］，③身体化された文化資本［教養・趣味・感性・ふるまいなど］，に分類される（Bourdieu［1979］）。

また，資本であることからも，①蓄積され再生産される，②投資され収益を上げる，③経済資本など他の資本に転換する可能性がある，という特徴をもつ。Zukin［1995］は，文化資本が店舗を通じて，地域に蓄積したプロセスを記述している[4)]。

ニューヨークはその世界的都市としての性格から，多くのアーティストや俳優，移民などが集まる。彼らは十分な収入を得るまでは，その豊富な文化資本をもちながら，家賃も比較的安い都心周辺の店舗などで働く。彼らは，自身がまちの風景となりながらも，顧客とコミュニケーションを交わしたり，店の細部にまで影響を与え，魅力的な店舗とその集積を生みだしていく。その結果，その地域の店舗で過ごしたり，店員と知合いであることがステータスとなることなどを通じ，富裕層に好まれる地域となり，投資を生んでいくのである。

つまり，商業を通じて地域に文化資本が蓄積して地域イメージを刷新したことで，経済資本を呼び込み，ジェントリフィケーション発生のきっかけとなったということである[5)]。

3　湊川商業地域の新しい商業者

(1)　湊川商業地

湊川商業地は神戸市兵庫区のほぼ中央に位置し，神戸市営地下鉄西神・山手線湊川公園駅から北側約1km，神戸新鮮市場がそのほとんどを占めている。神戸新鮮市場は，湊川公園を起点に，枝分かれしながら3つの商店街と2つの小売市場計500店が軒を連ね，西日本でも最大級の古き良き商業集積である。

湊川公園は1912年に整備され，1924年にはその傍にシンボルとして東洋一の高さと謳われた神戸タワーが建てられるなど，その周辺は「神戸一で唯一の繁華を見る」場所であり，商業地や観光地として神戸一を確固たるものにしていた。1945年から1956年には，市役所は湊川公園横の現兵庫区役所の位置にあり，名実ともに神戸市中心の商業地であった。

その後，市役所は三宮周辺に移転した。1970年代からは湊川地域でもインナーシティ問題がみられ，湊川公園には多くの野宿生活者がいた[6)]。かつての歓楽街新開地や風俗地福原と隣接していることもあり，物騒なイメージがあったようである。たとえば，神戸市北区在住の60代タクシーの運転手は「今は違うけど，あの辺は子供の頃は絶対に行ってはだめだった。」と話していた。手しごと市出展者である30代の主婦のA氏は「うちの子が歩き始めた頃（2007年前後），湊川公園の駅を降りて（兵庫）区役所の方に行ったら，公園付近に怖そうな人がたくさんいて物騒で思わず子供を抱き上げた。湊川公園で出展すると母に話したら止められた。でも，今は手しごと市のおしゃれなイメージですね。」と話していた。

雰囲気を大きく変えたのは2008年から2010年に行われた湊川公園の改修である。そのハード改修とともに，ソフト面の構築に向けて，手しごと市の前身であるアート市が開催される運びとなった。

⑵　湊川公園手しごと市

手しごと市は2012年６月23日から毎月第４土曜日に定期開催されており，その活動の中心は手づくり商品にこだわったマーケットである。出展者数は初回65，2017年１月27日時点で123に及んでいる。

2011年４月に開始した前身のアート市から，現プロデューサーであるH氏によって立ち上げられ，現在の主催者は湊川公園手しごと市実行委員会と湊川公園東地区まちづくり協議会であり，その事務局は公園に隣接する商業集積パークタウンに設置されている。

H氏は，当時公園周辺にわずかに存在した個性的な店舗に着目し，湊川商業地の従来の高齢層ではなく，若年層を想定し同活動を開始した。並行して，築50年を越え，空き店舗問題を抱えていたパークタウンの一部に，スカイブルーとホワイトで統一した大胆なリノベーションを施し，手しごと市の出展者などの入居や同客層を呼び込む商業集積otonariを開設した。

また，通常マーケットは運営費捻出のため，できる限り多くの出展者を受け入れる。しかし，手しごと市では出展者には高い選別基準を設けている。今後縮小が予想される小売市場を見据えたうえで，差別化を担保するために，手づくりや店主の目利きの質の高い作品の出展に限定する，などである。その徹底ぶりは，イベント開催中であっても基準に満たなければ退場させるというほどである。その出展者について２名紹介する。

クリスタルガラスのアクセサリーを製作するX店の30代主婦A氏は，当初趣味で製作していたものの，売って欲しいという要望を多く受け，友人とともに出展をはじめた。非常に不器用と話すA氏だが，生い立ちを聞き取っていくと，結婚前には，トゥーストゥースやBEAMSなど当時の最先端を行くブランドでの勤務を経験していた。

実店舗をもち陶器を取り扱うY店のプロ作家B氏は30代男性であり，学生時代から陶芸を勉強，京都清水焼窯元で約10年修行を積んだのち独立し，兵庫県尼崎市にて工房を開いた。取扱品については，本格的な陶器でありながら，手に取ると驚くほど軽い。B氏「軽くするのはすごく技術がいるんですよ。だから量産品は重いんです。とくに底の厚みが全然違います。」とのこと。その品質から百貨店の催事などにも数多く出店。定期的なマーケットは手しごと市のみということである。「ここ（手しごと市）が一番いいですね。出展している作品もいいものばかりですし，それを知っているお客さんが集まるから，いいものをしっかり見てくれる。」とのことである。

このような，質の高い出展者によって，結果として定期的なハンドメイド市のなかでは兵庫県では最大のものとなっている。それは，来場者の満足度が高くリピーターを生み出し，それが再度出展者を集めるという好循環を生み出しているからである[7)]。

(3)　新しい商業者の出現

湊川公園手しごと市の開催と時を同じくして，湊川商業地周辺の空き店舗に，リノベーションを施すなどして入居している個性的な店舗が目につくように

cozy-coffee

出所：筆者撮影

なってきた。そのような新しい商業者は，otonariに入居している６店舗[8)]をふくめて，湊川公園駅500m圏内に15店舗は存在する。otonariを除く店舗の配置は，神戸新鮮市場を取り囲むようである。このような商業者のなかでcozy-coffeeとcafe Shizukuを紹介する。

cozy-coffeeは荒田町１丁目，商店街の脇出口付近に位置する2012年10月に開店したカフェである。店主のC氏は生まれてから高校まで湊川に住み，その後は飲食業，なかでも大阪梅田のカフェでの勤務をしたのちに，30歳にて友人と２人で開業した。店舗内外は偶然にもotonari同様の配色で，リノベーションが施されている。

C氏に店のコンセプトについて聞くと，「これだけ大きい商店街（と市場）なのに子供の頃から一度も買い物したことなかった。もちろん自分が行きたいと思う喫茶店もなくて，同じことを思っているお客さんに向けてお店を開きたかった。」とのことである。同世代のお母さんが安心して子供を連れて来れるように禁煙であり，外観からサービス内容は周辺の喫茶店とは大きく異なる。

C氏に手しごと市との関係を聞くと「開店前に出展しようとも思ったんですが，準備が思いのほか大変で出展できませんでした。」とのことであった。

cafe Shizukuは荒田町１丁目の山手幹線沿いに位置する2014年12月に開店したカフェである。並びには，DIY風の建物が３店並んでいるが，他の２店はそれぞれのテナント主や不動産会社は異なっており，集積の意図はとくに介在していない。

cafe Shizuku

出所：筆者撮影

店主D氏は20代女性であり大阪市の下町である西九条で生まれ育ち，神戸三宮のカフェでの勤務を経て開業している。湊川で出店したのは，以前から行っていた湊川公園手しごと市でのボランティアの影響が大きいとのこと。また，「やっぱりこういう下町の方が好きなんですよね。」という。もちろん，店舗選定の理由はそれだけでなく，商店街のある湊川という空間，また繁華街から少し離れていることなどを挙げた。

特徴的なのは２階へとつながる階段である。その角度は50度を超えており，建物の古さを感じさせ，実際に登ると30歳半ばの筆者であっても寄りかかっていないと怖いほどである。「この階段を上がるワクワク感と２階にパッと広がる素敵な風景を見て欲しいんです。この物件を選んだ理由がこの階段といってもいいくらいです。」とひどく気に入っている様子であった。しかし，湊川商業地の従来の顧客である高齢層がこの階段を登るのは難しい。D氏「高齢の方にはなかなか入ってはいただけませんね。(笑)」とのことであった。

4　まとめ

手しごと市は，出展者の質が高く，豊富な文化資本をもつ商業者による定期的な商業集積であり，そこに文化資本が豊富な来場者も集まっている。そして，かつては物騒であった公園周辺は，A氏には今やおしゃれな地域と認識され，その地域に新しい商業者が出店している。

手しごと市プロデューサーH氏によると，手しごと市出展者がそのまま周辺地域に出店したことはないという。しかしながら，cozy-coffee店主C氏には元々出展意向はあり，cafe Shizuku店主D氏は手しごと市がきっかけで湊川商業地に出店をしている。また，手しごと市にて多くの顧客層を確認した新しい商業者は，同顧客層に対してコンセプトをもって商売を営んでいる。

今回の事例は，Zukin［1995］によれば，豊富な文化資本をもつ商業者が集積した結果，地域に文化資本が蓄積して地域イメージを刷新し，文化資本や経済資本を再生産したと考えることができる。

商業は取引を介して貨幣を生むだけでなく，商業集積として文化を生む9)。マーケティング志向をもつ商業集積は，文化を通じて，まちに大きな変化を与える可能性をもつ。

また，新しい商業者は滲出型でなく，手しごと市の誘引により飛火型ともいえる出店をしている。都心で経験を積んだ，ないしは文化資本を蓄積した新しい商業者の出店は，必ずしも新しい街の周縁部ではなくなっている。近年では，都市から農山村への移住の動きなどもあり，都心以外でも新しい商業者を呼び込める可能性は大きい。

5　最後に提言：商業まちづくりに文化資本の視点を活かす

今回の事例のようにマーケットを開催したり，芸術などの文化を活かすなどのまちづくりは日本全国で数多くみられる。

今回の事例を活かすにあたり，２つのポイントを確認したい。

１つ目は，商業の存在とマーケティング志向である。手しごと市では，新たな顧客層を想定したうえでコンセプトをもち，貨幣価値を生む商業者を集積させた。今回の事例では，マーケティング志向で集積として商業を営むことで，文化を経済価値に転化させることができたのである。

２つ目は，出展者の質である。基準に満たない出展者は，イベント中に退場させるまでして，集積としての質を担保して差別化を図っていた。それは，多くの出展者に参加してほしい主催者側として，容易にできることではない。

文化資本を活かした商業によるまちづくりの可能性は大きい。しかし，そこには，マーケティング志向をもったうえで，強い想いが必要となる。

（吉川　祐介）

注

1）石原［2000］。
2）大橋［2005］。
3）大城［2008］，佐藤［2003］。
4）池上［2017］も地域などの「場」にも存在するとしている。
5）資本の流入によって，従来の住民や事業者が排除されないよう，南堀江のように結びつきによって，地域を守ることは不可欠である。
6）財団法人神戸都市問題研究所［1981］，狩谷［1999］。
7）西端［2012］。
8）大橋［2005］。
9）田中［1995］。

引用・参考文献

池上 惇［2017］『文化資本論入門』京都大学学術出版会。
石原武政［2000］『まちづくりの中の小売業』有斐閣。
大城直樹［2008］「第４部第７章　都心における街路の『若者化』」浅野慎一・岩崎信彦・西村雄郎編『京阪神都市圏の重層的なりたち』昭和堂。
大橋賢也［2005］「第１章　まちづくりが示唆する地域商業の方向性」石原武政・加藤 司編著『商業・まちづくりネットワーク』ミネルヴァ書房。
狩谷あゆみ［1999］「第５章　保護／撤去／襲撃―震災後・神戸の野宿者問題」青木秀男編著『場所をあけろ！―寄せ場／ホームレスの社会学』松籟社。
財団法人神戸都市問題研究所インナーシティ研究所［1981］「インナーシティ再生のための政策ビジョン」『都市研究報告』第５号。
佐藤善信［2003］「第10章　自然発生型盛り場の形成と変容の分析―アメリカ村を事例として」加藤 司編著『流通理論の透視力』千倉書房。
田中道雄［1995］『商店街経営の研究―潮流・変革・展望』中央経済社。
中小企業庁［2016］「平成27年度 商店街実態調査報告書」中小企業庁経営支援部商業課。
通商産業省産業政策局・中小企業庁編［1984］『80年代の流通産業ビジョン』通商産業調査会。
鶴坂貴恵［2003］「第１章　商業集積地活性化の意義」大阪府立産業開発研究所『商

業集積の活力についての調査報告書』産開研資料No.80。
西端 彩［2012］「湊川公園アート市に見るインキュベーションソフト支援の形」兵庫県立大学大学院経営研究科『商大ビジネスレビュー』第１巻第２号。
原口 剛［2009］「第３章　都市社会の分断を読み解く」竹中克行・大城直樹・梶田真・山村亜希編著『人文地理学』ミネルヴァ書房。
吉川祐介［2016］「インナーシティにおけるまちの変化と新しい商業者―ジェントリフィケーションを手掛かりに」神戸大学経営学研究科修士論文。
Bourdieu, P.［1979］*La distinction*：*Critique sociale du jugement,* Paris：Minuit.（石井洋二郎訳［1990］『ディスタンクシオン』Ⅰ・Ⅱ，藤原書店）
Zukin, S.［1995］*The Cultures of Cities,* Wiley-Blackwell.

第9章

北京のまちづくり

1　はじめに：まちづくりの問題点

北京のまちづくりと言えば，北京の古い建物，古い街区，あるいは古い住宅地を，文化財として保護すべきであるか否かについて，その老朽の状態によるものではなく，またその住民の生活状態にもよるものではなく，歴史的な文化価値によるものとして捉えるべきであると思われる。歴史的な文化価値は再生不可能であり，古くなった家屋は修復することにより，居住環境を改善することができる。他方，古くなって寂れた街と住民生活の困窮といった問題は，人々の特別な教養や知識がなくても目に見えてわかる。しかし，古物の歴史的な文化価値を深く認識することは容易ではなく，歴史的な眼差しや文化的な教養が必要であり，世界的な知識も必要である。それらの文化価値のある古物を守るためには，少人数の使命感や責任感だけでは不十分であり，社会全体の広範な認識や支持が必要であり，社会全体に高い文明の素質が必要である。本章では，北京のまちづくり政策の特徴を考察し，今後の政策提言を行う。

(1)　まちづくりの主体は誰なのか

そこで，古物の「取り壊し派と保護派」といった論争の中で，「取り壊し」を主張する論者は彼らの常套な「殺し文句」として，住民の生活状態を改善することは切実に必要であり，一日も延ばすことができないことだと訴えている。これに対して，いつも少数派の立場にある保護派の論者は，すぐに道義から孤立しているようで，弁明する余地さえもなくなる。このような状況は，ほとんどすべての短視的対遠視的，局所的対全体的のような論争において現れる。短期的で局所的な利益を維持しようとする論者は，いつも悲しいニューロン人のように，初めから論敵の口をふさごうとする。

とりわけ，古くから受け継いできた北京の街，その王府，城壁，城門の建物などの取り壊し方を振り返ってみると，ほとんどの場合，乱暴に扱われた。たとえば，天安門前にある長安左，右の扉を取り外すために，三輪車夫の集う会が開かれ，彼らの意見で取り外す決定に至った。今では，大雑院（雑多な庭）の極めて貧しい生活を「殺し文句」にして，古い都市を守ろうと主張する人々が現れた。しかし，古い北京城のまちづくりは，このような決め方でよいだろうか。

北京は首都として，そのまちづくりの問題は歴史的な文化価値があるか否かに集中している。その価値があれば保護するための原則や，あり方を考えなければならない。その価値がなかったら取り壊しの原則や，あり方も考える必要がある。保護するのは決して住民生活の状況を顧みないものではない。また取り壊しも必ずしも住民生活を改善することができるとは限らない。一部の人にとっては，生活がより難しくなるかもしれない。そこで，幾つかの問題を明確にしなければならない。

北京に住む人々の生活状態の悪さは，ほとんどが家屋の老朽化による「危険」ではなく，まず，従来の四合院（図表９-１）はこれまで数十年の混乱を経て公共大雑院（皆の雑多な庭）になり，今や住む世帯が多く，一人当たりの建物面積が狭くなった。住民たちは中庭に粗末な小屋を建て，そこに生活しなければならなかった。さらにインフラ施設が非常に遅れているため，町の共同トイレしかなく，水道水は分けられない。石炭のかまどを使うことで，その上，お金を節約するために古くから質の悪い石炭を使い，灰分が多く飛び，汚染が深刻である。しかし，いわゆる「危険」とは主に中庭に建てられた粗末な小屋や仮小屋のことであった。雑多でボロボロの小屋が我々に悲惨なイメージを与えたのである。このようなイメージから「危険な家屋」と決めつけられた。そ

図表9-1　四合院のイメージ図

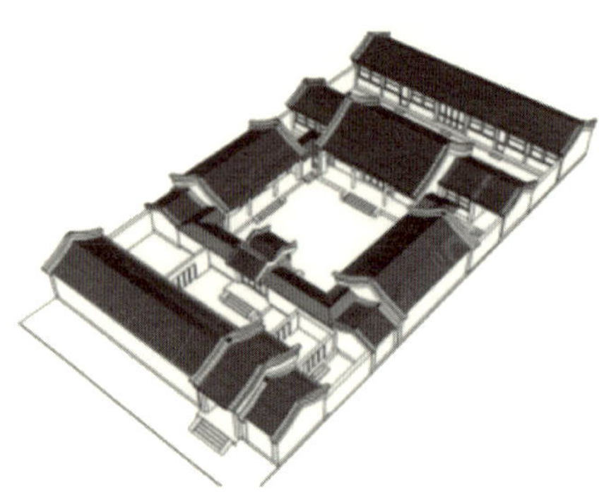

出所：中国清華大学建築設計院

のため，地域住民の生活水準を向上させるには，元の四合院の古い家屋を取り壊すことではなく，中庭に乱雑に建てた建物を完全に取り除き，居住環境の改善を提供することが肝要である。

(2)　四合院の修繕

ほとんどの場合，老朽化した四合院の修繕と整備が行われた後に，かなりの居住レベルが得られるようになる。またマンションのような住宅ではもつことができない快適さもある。最近，北京の街を保護する世論が高まってから，四合院住宅に対する需要も大きく成長してきた。

他方，北京のほとんどの胡同（細い裏路地）は，救急車の出入りは可能であり，救急車が入り口までしか入れない住宅街も少数あるが，ほとんどが自動車道からの距離も許容範囲内にある。ところが，今や北京では消防車体が大きすぎ，火災警報が出ると，複数車両の同時出動は困難になる。したがって，消防車の小型化を可能にすれば，消火栓の数を増やし，消防車は水タンクを使わなくても済むことができる。また，救急の方法もさまざまであるが，必ずしも消防車を出動させる必要のない場合もある。たとえば，ヘリコプターを使用して乾燥消火剤やドライアイスを撒布してもよいだろう。

いずれにせよ，北京の街と四合院を守るには，もちろん多額の予算が必要である。しかし，必ずしも住宅の大規模な分解移住の方が安く済むとは限らない。インフラが次第に整備されるにつれて，一部の四合院の修繕が完了している事例を見れば，コミュニティの公益とサービス業界の協力によって，四合院の需要も堅調している。

さらに地下水道を整備することによって，屋根の修理や溝の掘り起こしを防ぐことができる，という事例も報道されている。とりわけ，北京市はここ数十年来，古い四合院に対して怠慢な態度を取り，借金を山と築いているが，今や古い四合院を保護するのに多くの費用をかけているとはいえ，むしろ数十年の粗末な扱いに対する賠償だと言える。 いずれにしても，まちづくりという事業は古いものを維持するのは難しく，新しいものを作るのは簡単である。

2 まちづくりの政策

近年，中国全体の都市化率は五割超え，とりわけ，今や都市化の加速期にある。いうまでもなく，都市のまちづくりは最重要であり，北京も例外ではない。さまざまな難点を抱えながらも，北京のまちづくりの様子も少しずつ変わってきた。まず，最近十年間のまちづくりの政策を振り返ってみよう。

(1) 「四位一体」の政策

ここ十年来，北京市まちづくり委員会はまちづくりのトップレベルのデザインを強化してきた。2003年，党の第16回三中全会は科学発展観のビジョンを明確に提出した。2004年，第16回四中全会は社会主義調和の社会理論を明確に提出した。2006年，第16回六中全会は社会主義調和社会の構築に関する決定を下した。 2007年に第17回の大会は「民生を重点的に改善する社会づくりを迅速に推進する」方針を発表した。これを１つの転機として，北京市はまちづくり委員会を立ち上げたのである。 2008年９月25日，北京オリンピックの閉幕直後の１週間では，北京市まちづくり大会（北京市社会建設大会）が盛大に開催された。オリンピックの北京開催に成功したことで，北京のまちづくりを強化する契機となった。

当時，これをまちづくりの新しいスタートラインとして位置付けた。北京のまちづくり大会では，新たに「１+４」の政策方針が発表された。すなわち「北京市における社会建設実施要綱の強化」「社会領域の党建設のさらなる強化と改善に関する意見書」「社会組織改革と発展の促進に関する意見書」「北京市コミュニティ管理方法（試行案）」「北京市コミュニティワーカー管理方法（試行案）」であり，これらの政策方針が提出されたことで，まちづくりの公共的再構築に向け取り組まれている。「四位一体」という首都としての新たな「北京のまちづくり」体系的枠組みを初歩的に形成した。

(2) 危機を転機に

その後，2009年に世界的な金融危機が勃発した影響で，景気低迷で雇用が大きな困難に直面し，とくに大卒の雇用情勢は非常に厳しかった。北京市政府は「危機を転機に」するために，「大学生ソーシャルワーカー計画」を発表した。連続３年間で，大学卒業生および任期満了の「大学生村長」を，約5,000人を選抜してコミュニティソーシャルワーカーとして育成し，専門職化の推進を加速させた。 同年の３月，当時の政治局常務委員，国家副主席の習近平氏が北京で実施した「大学生ソーシャルワーカー計画」を大いに評価した。これを契機に，改革と技術革新は北京のまちづくりの原動力になった。

(3) 創新の行動計画

2010年７月21日，北京市ソーシャルサービス・マネジメントイノベーション推進会議が開催され，「北京市ソーシャルサービス・マネジメントイノベーション行動計画案」を発表した。この行動計画案では，社会保障制度の創新，ソーシャルサービス・マネジメントイノベーションに６つの革新的なプログラム，34の重点を中心に，90の創新措置を定めた。東城区，朝陽区，順義地区ではネットサービスに重点を置き，ソーシャルサービス・マネジメントイノベーションのモデル地区として推奨され，他の地区でもプロジェクトモデルとして「ソーシャルサービス・マネジメントイノベーション」モデルの構築が展開された。この大会の直後に，各地区では相次ぎソーシャル・ネットサービスが提供され，「健全なソーシャル・ネットサービスのマネジメントシステム」を構築するための社会整備，情報プラットフォームの構築が始まった。

2011年６月29－30日，北京市まちづくり委員会の第17回九中全会議では「社会建設の強化とソーシャルガバナンスの創新における全面的な推進の意見書」を採択した。この「意見書」は第12期の５カ年計画に入る北京のまちづくりが直面する重大な戦略チャンスと挑戦を結びつけ，ソーシャルサービスのマネジメント強化と創新，まちづくりの全面的推進について，体系的な設計と全面的な展開を宣言した。

(4)　新たな政策指針

2012年，第18回党の会議開催を契機に，「五位一体」の全体的配置と「４つの全面」の戦略的配置による新しい発展理念が示された。2014年２月26日，習近平氏が北京市内を視察した際，北京のまちづくりを激励し政策の実行に拍車がかかった。

翌年の2015年，北京市政府は「北京市のソーシャルガバナンス体制改革の深化に関する意見」を発表し，続いて2016年に「北京市の第13期５カ年計画のソーシャルガバナンス計画」を発表した。ソーシャルガバナンス体制とガバナンス能力の近代化の２つの枠組みを策定した。党組織，政府組織，社会組織，市場組織，街路基層組織，コミュニティ自治体の「６つのガバナンス体制」を構築することに力を入れた。

ここまでの10年間，北京のまちづくりは人本主義を基軸に，ソーシャルサービスをはじめとして，ソーシャルサービスとソーシャルガバナンスのバランスを取り込み，市民生活と社会保障体制を改善し続けてきた。すなわち，改革の成果をより良い形で北京市民に恵みとしてもたらそうと政策立案を工夫してきた。その結果，「市民を中心とする」北京市政府の活動指針をしっかりと立てる。都市住民のコミュニティサービスに対する需要は急速に高まっている中，多様化の発展態勢を呈しているため，民生サービスの提供によって，住民の満足感と幸福感を高めることを継続的に強化してきた。

3 新たなまちづくり像

(1) 新しい総合計画

2017年９月13日，中国政府は北京のまちづくりの総合計画を批准し，今や実施し始めたところである。新版の都市計画には４つの面が含まれている。まず，北京は首都としての都市戦略の位置づけは明白なことであり，「政治センター」「文化センター」「国際交流センター」「科学技術革新センター」の４つの中核的な機能を強化することである（図表９-２，図表９-３）。

次に，４つの関係とそれに伴う４つのサービスを明記している。すなわち，「首都」と「都市」の関係，「捨」と「取」の関係，「疎解（移転)」と「昇格」の関係，「一核」と「両翼」の関係をバランスよく把握したうえ，政府機関のサービスの提供，国際交流サービスの提供，科学技術と教育発展サービスの提供，市民生活サービスの提供を改善する。

３つ目は都市の規模を厳格にコントロールすることである。「減重，減負，減量」という発展指針を確実に実施し，人口規模，都市建設規模の二重制御を実施し，人口総量の上限，生態制御線，都市開発境界の３つの超えてはならない規準を定めた。

４つ目は都市機能と空間構想を最適化し，非首都機能を断固として疎解し，首都機能を高め，都市の発展水準を高めることによって都市空間を作り出す。すなわち「１中核１都心１副都心，２軸多点１区」の都市空間レイアウトを形成する。

「１中核」とは，首都機能のコアエリアを指す。「１都心」は中心都市部，すなわち都市部６区を指す。「１副都心」は北京都市副都心のことである。「２軸」とは，中軸線とその延長線，長安街とその延長線を意味する。「多点」とは平野地域にある順義，大興，也荘，昌平，房山の５つの新都市である。「１区」とは生態養成区を指し，門頭溝，平谷，懐柔，密雲，延慶，昌平と房山の山岳地帯を含む（図表９-４）。新版の北京都市総合計画の内容は非常に豊富で，北京のまちづくりの青写真を描いており，この青写真を現実のものとするため

図表9-2　政治・文化センター

出所：北京市规划和国土資源管理委員会

図表9-3　国際交流・科学技術革新センター

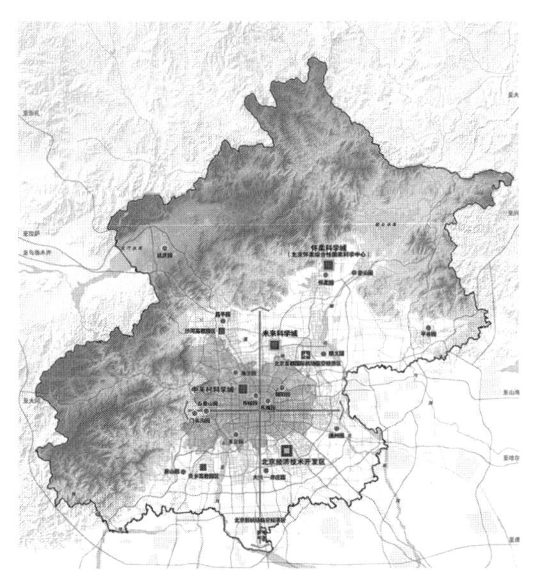

出所：北京市规划和国土資源管理委員会

には，都市の総合計画を実現することが必要である。

⑵　都心と副都心の位置づけ

上記に述べているように，北京のまちづくり計画を実施する際，都市をより調和させ，市民がもっと実感を得られるように，市民が関心をもつまちづくりの展開が必要である。どのように市民にその実感を得られるようにするのか，とくに副都心の推進は重要な出発点と立脚点である。まず，都市機能の位置付けから見ると，北京のまちづくりの中では，副都心が北京空間構造の中にあるため，河北の雄安新区とともに北京の新たな両翼を構成し，中心都市の機能と人口の疎解をもたらしている。

現在，副都心の建設計画が着実に進んでいるように思われる。副都心のまちづくりの詳細な計画や，街路空間，水路空間などの23の計画設計ガイドラインが発表された。副都心の総合交通の主軸，街の緑化などに対して重点を置き，行政事務サイドのユニバーサルシティーなどの再構築プロジェクトが急速に進められている。

行政サイドは，市民の実感を高めることに力を入れている。古い都市区域では，補修工事を行うことで刷新する。違法建物の撤去，緑地を増やすことで，老朽化の地域に新しい息を吹き込む。公園の建設と街路の環境整備を通じて，近隣の交流環境を改善し，老朽化の市域を復活させる（図表9-4，図表9-5）。

⑶　「減量発展」型のまちづくり

減量発展とは，土地の供給が減少することを意味するのか。この問題は主に北京のまちづくりの発展理念の転換につながる。新版の総合計画は従来と最大の違いがある。従来の集積増加型のまちづくりモデルから減量集約型の高品質発展に転換することにある。すなわち，減量発展はただの発展ではなく，不法建物を断固として撤去し，生態空間を占める建物を減らし，低効率で粗放的な建物を差し止め，減量による解放した空間を利用して，より高効率，より高品質なまちづくりを実現しようとする。

まちづくりの減量ポイントは地盤構造で調整することである。将来的には減量集約型の生産スペース，居住適用地の比重を適度に高め，生態用地の規模を

図表9-4　都心と副都心の関係図

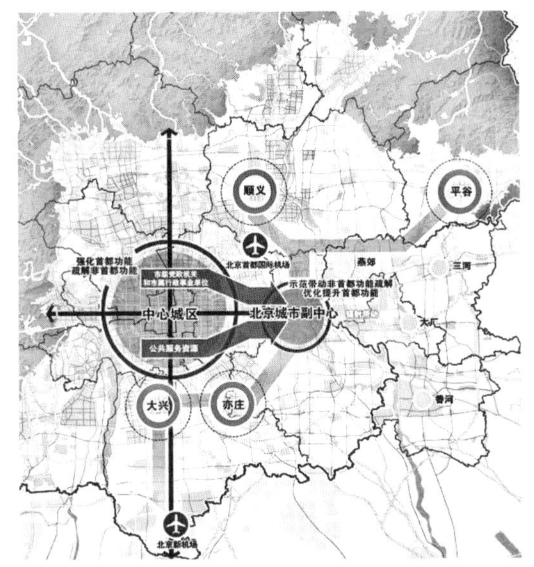

出所：北京市规划和国土資源管理委員

図表9-5　北京鉄道交通網2021年までの計画

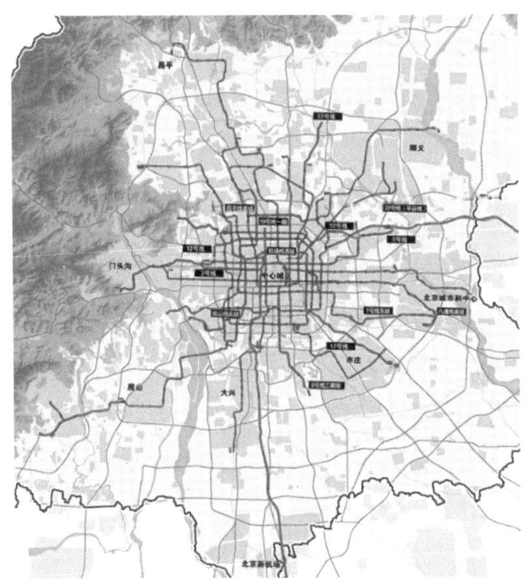

出所：北京市规划和国土資源管理委員会

大幅に高める狙いである。民生に直接関わる居住地に対しては，縮小させるのではなく，居住地の供給を適度に拡大して構造を最適化することも重要であり，家は住めるもので，投機するものではないという位置づけを実施することが肝要である。

4　最後に提言：官主導の役割をより効果的に

第1節で述べている問題点を解決するために，2017年には，北京市の住宅用地計画で1,200ヘクタール，実際に1,290ヘクタールを完成させた。生活保障の用地で366ヘクタールについて実施した。分譲住宅と共有権住宅用地は721ヘクタール，実に2016年の7倍（共有権住宅用地は207ヘクタール）であった。さらに203ヘクタールの集合住宅用地を新たに供給し，賃貸住宅の運用に割り当てられた。2017年，住宅用地の供給総量は年度計画に達した。2018年は，住宅用地供給の規模と構造を合理的に維持し続けていき，2021年までの5年間には新たに住宅用地6,000ヘクタール，住宅150万戸を供給する予定である。

どのようにして古い町の更なる品質を向上させるのかについて，北京市はまちづくりモデルを模索している。主に小規模かつ漸進的な方式を採用し，都市の補修工事を行い，関係部門の共同参加を重視している。たとえば，東四の南にある歴史文化街（史家胡同）の補修において，この地区の総面積は約44ヘクタールで，常住人口は約1.3万人である。史家胡同地区内にあるのは，典型的な一戸建ての住宅が集中しているコミュニティであり，そのうち，一戸建て件数は全体の80％を占め，半数以上の住民が胡同居住地に30年以上暮らしている。 行政指導のもと，住民の違反建物を自発的に撤去させ，インフラ環境の整備，町の風貌の改善，公共空間を合理的に利用し，住宅環境の改善と住民のコミュニティ自治を実現する。

北京のまちづくりの特徴は一言でいえば「官主導，民参加」だと思う。まちづくりの目標は市民生活の快適さとまちの発展だとすれば，より効果的に推進するのは政府の役割が欠かせない。他方，多様化している市民のニーズを反映させるのも政府の役割である。2021年に北京のまちづくりを再評価するのもそれほど遠くない。

（李　為）

参考資料

北京国土資源局編［2006-2017］『北京市土地利用总体规划2006-2020』北京国土資源局。
王　亚男［2008］『1900-1949年北京的城市规划与建设研究』東南大学出版社。
西德尼・D.甘博（Sidney David Gamble）［2010］『北京的社会调查』中国書店。
顾　朝林［2012］『北京首都圈发展规划研究—建设世界城市的新视角』中国科学出版社。
中国国家统计局編［2017］『中国統計年鑑2017』国家統計局出版社。
北京市統計局編［2017］『北京統計年鑑2017』国家統計局出版社。
北京市规划和国土資源管理委員会（http://www.bjghw.gov.cn/web/index.htm（2018年１月８日閲覧））
北京市人民政府（http://www.beijing.gov.cn/（2018年１月８日閲覧））

第 II 部

流通編

第10章

地域商業振興政策とボランタリー・チェーンの発展

1　はじめに：小売商業連鎖化事業の再考

1985年商業統計調査以降，小零細小売業を中心に商店数の減少が進行し，商店街や地域商業，中心市街地の衰退が顕著になって久しい。この間，中小小売商業振興法が改正され，中心市街地活性化法や地域商店街活性化法が制定されたほか，さまざまな小売商業振興政策が国および自治体レベルで展開されてきた。

本章では，2000年以降再び注目されるようになった商店街に焦点をあてた施策について検討し，その後，中小小売業者等の自主的協業組織であるボランタリー・チェーンおよび小売商業連鎖化事業に着目し，その意義や問題点，今日的可能性について考察する。

2　地域商業振興政策の検討

(1)　地域商店街活性化法の制定

高度経済成長期以降，地域商業の振興は商店街の近代化・高度化を中心に進められてきたといってよい。しかし，1998年に「まちづくり三法」の１つとして中心市街地活性化法が制定された時期から，地域商業の振興政策はまちづくりの一環として位置づけられる側面が強くなった。そして，2000年代に入って，再び地域商業に焦点をあてた法制度が整備されるが，その背景には，まちづくり三法の下でも進行しつづけた小零細小売業の衰退問題があった[1]。

地域商業に対する代表的施策が，2009年７月に制定された地域商店街活性化法（商店街の活性化のための地域住民の需要に応じた事業活動の促進に関する法律）である。これまで中小小売商業振興法や中心市街地活性化法が実施されてきたが，これらは中小小売商業全体や商業以外の要素も含んだ中心市街地全体を見据えたものであり，商店街のみに政策の焦点を当てるものではなかった。それゆえ，単独の法制度において，「商店街が我が国経済の活力の維持及び強化並びに国民生活の向上にとって重要な役割を果たしている」と位置づけたことは大きな意義を有している。

(2)　近年における地域商業振興政策の効果と課題

このような諸政策の効果について，まず商店街の景況感をみよう。中小企業庁の「商店街実態調査報告書」によると（中小企業庁［2016］10頁），2015年度に「衰退している」と「衰退の恐れがある」商店街の比率は66.9％である。この数値は，2009年度および2012年度と比べて低下している。また，「繁栄している」と「繁栄の兆しがある」商店街の比率はそれぞれ2.2％と3.1％であり，前２回の調査から上昇している。衰退局面にある商店街はいまだ70％近く存在し，繁栄局面にある商店街はわずか５％であるが，地域商店街活性化法が施行された後，衰退局面にある商店街が減少し，繁栄している商店街が増加したことは確かである。

次に，地域商店街活性化事業の効果を確かめよう。図表10-１より，地域商店街活性化事業後の来街者が「増加している」商店街は30％近くにのぼっている。しかし，来街者が「変わらない」商店街は30％以上あり，反対に「減少している」商店街は40％近い。これは商店街の立地や規模，現況，活性化事業の内容等に左右された結果として解することができるが，活性化事業の恩恵が３割弱の商店街に限られたことも事実である。

図表10-１　地域商店街活性化事業後の来街者の動向（%）

増加している	変わらない	減少している	無回答
28.9	32.6	38.1	0.4

出所：全国商店街振興組合連合会［2015］15頁より作成

図表10-２　地域商店街活性化事業後の売上高の動向（%）

増加している	変わらない	減少している	無回答
11.6	40.6	45.2	2.6

出所：全国商店街振興組合連合会［2015］21頁より作成

つづいて，図表10-２より地域商店街活性化事業後の売上高の動向をみると，「増加している」商店街は11.6％であり，「変わらない」と「減少している」と答えた商店街は85％を超えている。これを図表10-１の調査結果と照らし合わせると，来街者の動向に対して，売上高はそれほど増加していない。むしろ，売上高が減少している商店街が来街者の減少しているものより多くなっている。これらのことは，前述した繁栄局面にある商店街が増加している点に疑問を提示する。つまり，「繁栄」の中身が来街者の増加によって現出されるものであり，必ずしも商店街の売上高の増加につながっていないことを意味するのである。この点は，地域商店街活性化事業の課題として指摘することができよう。

(3)　地域商店街活性化事業遂行後の商店街の課題

現在，商店街が抱える最大の問題は「経営者の高齢化による後継者難」であり，図表10-３に示されるように，その比率は調査ごとに増加している。この商店主ならびに商店街自体の「高齢化」問題の次に多い回答が，「魅力ある店舗が少ない」や「集客力が高い・話題性のある店舗・業種が少ない又はない」であり，2000年代末以降の３度の調査において40％前後の比率を占めている。

集客力が高く消費者にとって魅力的な店舗には，さまざまな要素が含まれるが[2)]，商品の価格や品揃え，付加価値等の差別化要素によって，消費者に対して訴求性を有する小売店が，この調査回答に該当するものとして捉えることができよう。商品の価格設定や品揃え等の小売活動は，マーチャンダイジングを意味する。商店街や中小小売業の活性化において，マーチャンダイジング機

図表10-3　商店街における課題

	最も多かった回答	2番目に多かった回答	3番目に多かった回答
2009年度	経営者の高齢化による後継者難（51.3%）	魅力ある店舗が少ない（42.7%）	核となる店舗がない（27.2%）
2012年度	経営者の高齢化による後継者難（63.0%）	集客力が高い・話題性のある店舗・業種が少ない又はない（37.8%）	店舗等の老朽化（32.8%）
2015年度	経営者の高齢化による後継者難（64.6%）	集客力が高い・話題性のある店舗・業種が少ない又はない（40.7%）	店舗等の老朽化（31.6%）

注：2006年度以降は，回答数を３つまでに制限している
出所：中小企業庁［2016］12頁より作成

能の強化は古くから議論されてきた課題であるが，今日その重要性がいっそう高まっているといえよう。

3　小売商業連鎖化事業とボランタリー・チェーン

(1)　小売商業連鎖化事業の再評価

商店街の活性化にマーチャンダイジングを含む商業機能を高めていくことが必須であることは，国および自治体レベルの小売商業政策においても認識されている。中小企業政策審議会中小企業経営支援分科会商業部会による2009年の報告書では，「新たな商店街のあり方として『地域コミュニティの担い手』となることが期待されるが，その前提として，『商店街は地域に必要だが，買い物はしない』という地域住民の意識のギャップを埋めるよう，商店街本来の商機能を強化する取組があわせて図られるべき」（中小企業政策審議会中小企業経営支援分科会商業部会［2009］４頁）であり，「商機能は個々の店舗が担っていることから，個店の活性化が商店街の抱える最大の課題の一つとなっているが，現実には各店舗の自主的な経営改善努力に任されているのが実情である」（中小企業政策審議会中小企業経営支援分科会商業部会［2009］８頁）との認識を示している。

しかしながら，マーチャンダイジングの強化をはじめとする各店舗の自主的な経営改善は，困難である。そこで，同報告書では，商店街振興のあり方として，商店街の小売店とこれを支援する卸売業者やボランタリー・チェーンとの有機的連携を促進することが有意義で効果的であるとして（中小企業政策審議会中小企業経営支援分科会商業部会［2009］16頁），ボランタリー・チェーンに対して高い評価を与えている。

ボランタリー・チェーンとは，経営の独立性を維持する多数の小売店が，卸売業者や製造業者と自発的意思にもとづき継続的な連鎖組織について契約し，また自らが相互に組織を形成し，本部の指導の下に共同仕入れや統一的営業方法，統一的管理の実施等を通して，原価率の低下を図り，経営の合理化・近代化を進め，集団経営としての利益や流通生産性の向上を達成しようとする連鎖店組織である（三上・宇野責任編集［1970］499頁，徳永［1967］234頁）。

ボランタリー・チェーンの要諦は，スケール・メリットの追求のみにあるのではない。ボランタリー・チェーンは連鎖組織において，卸売機能や小売機能について再配分ないし機能の集中化を図ることにその意義を有する（徳永［1967］234頁）。組織に加盟する小売店は，仕入れに関しては本部に依拠し，販売に経営資源を集中することができる。その販売も本部で企画立案された販売政策によって加盟店に提案され提供され，効率的な本部による機能代位とディーラープロモーションが展開されるのである（三上・宇野責任編集［1970］500頁）。

⑵　流通近代化政策の下での小売商業連鎖化事業の推進

わが国におけるボランタリー・チェーンの初期的発展は戦前期にみられ，その発展は戦間期を通じていったん断絶した。そして，ボランタリー・チェーンおよび小売商業連鎖化事業は，戦後の高度経済成長期に推進された流通近代化政策の下で，再び注目されるようになった。

1965年に発表された通産省（現在の経済産業省）産業構造審議会流通部会第３回中間答申「小売商のチェーン化について」では小売商業連鎖化事業の利点について，①事業規模の拡大による小売商の近代化，生産性の向上，②小規模店舗の分散的結合の消費者への適合，③店舗の廃止，合併等既存体制の変更および設備投資の少なさ（店主の抵抗への対応），④組織化しうる対象の広さ（零細小売商の参加の容易さ）という４点をあげている（通商産業省企業局編［1973］45頁）。

この観点は，同部会の第９回中間報告「70年代における流通」において，以下のように確認されている。すなわち，「ボランタリー・チェーンはその機能が十分に発揮されれば，チェーン・ストアと同様なスケール・メリットを期待でき，しかも，大規模な設備投資を必ずしも必要としない（とくに，土地取得のための設備負担が軽い）という有利性を持っている。しかも，膨大な数の中小商業者に参加の途が開かれているため，総体として流通近代化に大きく寄与することができる」（通商産業省企業局編［1971］63-64頁）のである。

4　ボランタリー・チェーンの発展と課題

(1)　ボランタリー・チェーンの発展と停滞

小売商業連鎖化事業にも後押しされ，高度経済成長期を通じてボランタリー・チェーンは拡大した。日本ボランタリーチェーン協会調査によれば，1971年３月の同協会加盟チェーン122で，店舗数２万9,000店，売上高約２兆円，小売売上高シェア約10％を数えている（通商産業省産業政策局・中小企業庁編［1984］76-78頁）。図表10-４をみると，加盟チェーン数は卸主宰から小売主宰への組織構造変化を伴いながら，1966年の43から1976年には141と３倍に増えている。

1960年代から70年代にかけて一定の発展をとげたボランタリー・チェーンで

図表10-４　日本ボランタリーチェーン協会加盟チェーン数の推移

	1966年	1976年	1986年	1992年
卸主催	32	62	46	45
小売主催	11	79	85	84
合　計	43	141	131	129

出所：日経流通新聞編［1993］62頁より作成

あったが，1980年代以降は組織の拡大は停滞している。1984年に発表された「80年代の流通産業ビジョン」において，通産省は現下のボランタリー･チェーンは店舗数約５万店（全小売店舗の約３％），年間販売額約８兆円（全小売業の９％）と推定し一定の評価を与えたうえで，ボランタリー・チェーンの低い組織率を問題視している。そして，加盟基準に達しないような中小零細店の組織化や情報システム化を中心とした本部指導体制の強化等を指摘し，今後も，圧倒的多数の未組織の中小零細店の組織化を図るもっとも有効な手段として，ボランタリー・チェーンに大きな期待を寄せている（通商産業省産業政策局・中小企業庁編［1984］76-78頁）。

ボランタリー・チェーンの組織率の低さに関しては，前掲の「70年代における流通」において，早くも指摘されていた。そこでは，ボランタリー・チェーンに加盟し活動するには一定の資金力が必要であり，一般小売商のなかでその条件を満たす層は限られており，このことから，チェーン全体の拡大や発展が遅れがちであると要因分析されている3)。

⑵　ボランタリー・チェーンの停滞に関するその他の要因

また，ボランタリー・チェーンの発展を阻害している要因として，本部の資金力・人材の不足や品揃えの不十分さ，チェーン・オペレーション技術の未成熟に由来する加盟店のチェーン依存度の低さ等があげられている4)。

チェーン依存度の低さは本部からの仕入集中率の低さにつながり，当時の仕入集中率は全体で23.6％程度とされ，販売促進事業では，店舗外装の統一等を実施していないものも多くみられ，チェーンとしての一体感が不足している点も指摘されている（通商産業省企業局編［1972］71頁）。これらの問題は本部機能の脆弱さに起因する側面が強く，実際，本部の専従者は平均で11人であり，年間運営費は平均2,800万円程度であったことが明らかにされている（通商産業省企業局編［1972］71頁）。本部機能の脆弱さは，本来ボランタリー・チェーン組織の優位性である仕入れを中心とした機能転嫁が果たされないことを意味するのである。

これらのボランタリー・チェーンが抱える諸問題は，既に克服されたとはいい難く，ボランタリー・チェーンの発展は依然として一定程度にとどまっているといわざるをえないのが現状である。しかしながら，今日においても，地域商業活性化にボランタリー・チェーンの果たすべき役割は大きい。現在のボランタリー・チェーンは，日本ボランタリーチェーン協会の調査によれば，加盟店舗数６万3,000店を超え，総販売額は10兆円に達している[5)]。

5　最後に提言：商業における共同化の重要性

以上のように，ボランタリー・チェーンないし小売商業連鎖化事業の今日的意義は大きく，ボランタリー・チェーンを結成し，分散型の大規模化を追求するとともに，商店街活動によって集中的吸引力を高めることによって（志沢[1968] 97頁），地域商業活性化を進めていくことは今日においてもなお有効な方法として認識できるのである。

地域商業を構成する小売業の活性化を図るには，商業機能を高める，すなわちマーチャンダイジング機能を高めなければならないことは，これまで何度も指摘されてきた。今日，地域商業あるいは中小小売業の活性化を図るには，個店のマーチャンダイジング機能を向上させていくことが必須である。しかし，個店レベルでマーチャンダイジング機能を再構築していくことは困難である。そこで，小売商業連鎖化事業およびボランタリー・チェーンに着目していくことが，再び重要になってきているといえよう。

（佐々木　保幸）

［付記］本章は佐々木保幸「地域商業振興政策と小売商業連鎖化事業の意義」『日本商業施設学会第15回研究発表論集』（2017年）を修正したものである。また，本研究は，JSPS科学研究費（基盤研究（C）15K03651）による研究助成にもとづく研究成果の一部である。

注

1）　詳しくは，佐々木保幸「地域商業政策」（岩永・佐々木編［2013］）を参照されたい。
2）「集客力が高い・話題性のある店舗・業種が少ない又はない」という問題は，商店街に魅力のある店舗を計画的に導入する小売ミックスの重要性を示唆している。
3）　通商産業省企業局編［1971］64頁。事実，当時のボランタリー・チェーン加盟店の従業員平均規模は全体で7.6人であり，中堅クラスの小売業の加盟が主体となっている（通商産業省企業局編［1972］71頁）。反対に，ボランタリー・チェーンは零細な小売業者の加盟を肯定しすぎてきたのではないかという問題点も指摘されている（伊藤［2001］48頁）。
4）　通商産業省産業政策局・中小企業庁編［1984］64頁。ただし，卸主宰のボランタリー・チェーンの場合，加盟店が品揃えを拡大しようとすれば，主宰卸売業者が取り扱う以外の商品を仕入れる必要性が高まる（伊藤匡美［2001］48頁）。
5）　日本ボランタリーチェーン協会［2016］を参照。

引用・参考文献

伊藤匡美［2001］「中小小売業組織化の原理とボランタリー・チェーン」『青山社会科学紀要』29巻２号。
岩永忠康・佐々木保幸編著［2013］『現代の流通政策』五絃舎。
佐藤　肇［1974］『日本の流通機構』有斐閣。
志沢芳夫［1968］『ボランタリ・チェーン―理論と実際』同文舘。
鈴木保良［1958］『新しい小売商業―小売商業の革新』同文館。
全国商店街振興組合連合会［2015］「地域商店街活性化事業成果調査」
竹林祐吉［1969］『ボランタリー・チェーンの研究』千倉書房。
中小企業診断協会編［1963］『今日の流通革新』同友館。
中小企業政策審議会中小企業経営支援分科会商業部会［2009］「『地域コミュニティの担い手』としての商店街を目指して～様々な連携によるソフト機能の強化と人づくり～」。
中小企業庁［2016］「平成27年度 商店街実態調査報告書 概要版」
通商産業省企業局編［1971］『70年代における流通―産業構造審議会第９回中間答申』大蔵省印刷局。
通商産業省企業局編［1972］『流通革新下の小売商業―百貨店法改正の方向―産業構造審議会第10回中間答申』大蔵省印刷局。
通商産業省企業局編［1973］『産業構造審議会中間報告集』大蔵省印刷局。
通商産業省産業政策局・中小企業庁編［1984］『80年代の流通産業ビジョン』通商産業調査会。
徳永豊［1967］「ボランタリー・チェーンの一考察」『明大商學論叢』第50巻２・３・４号。

日経流通新聞編［1993］『流通現代史』日本経済新聞社。
日本ボランタリーチェーン協会［2016］『これからのボランタリーチェーン』。
三上富三郎編［1965］『ボランタリー・チェーンの理論』商業界。
三上富三郎・宇野政雄責任編集［1970］『流通近代化ハンドブック―経営診断からみた現状と問題点』日刊工業新聞社。

第11章

流通構造決定要因の時系列分析

1　はじめに：流通研究の最大の問題点

流通研究の問題意識の1つに「流通変数がどのような時系列変化をもっているのかを知りたい」というものがある。というのもデータベースを商業統計に依存し，容易にその時系列変化を把握できないからである。時系列変化を把握できないとは，次のようなことである。

図表11-1　月次データと商業統計の違い

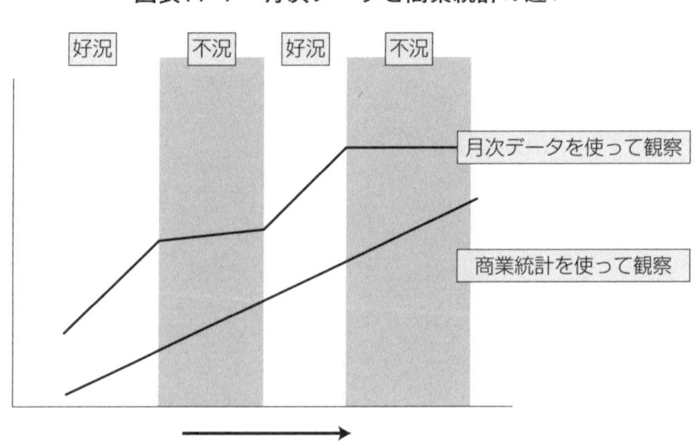

出所：筆者作成

図表11-1は同じ変数でありながら，月次データを使って観察した場合，また商業統計を使って観察した場合を描いたものである。変数の時系列変化が景気循環に依存していれば，月次データではそれを確認することができる。

ところが商業統計を使うと，単なる右肩上がりの直線のようにしか見えない。わが国の景気循環は収縮が16ヵ月，拡張が33ヵ月しかないのに対して，商業統計は最短で2年の24ヵ月，最大では3年の36ヵ月もあるからである。

2 時系列データを使った仮説

景気循環に反応している経済変数と，景気循環に反応していない流通変数は，それぞれ異なる時系列変化をもつ。ところが商業統計を使うと，先に紹介した原理によって同じ時系列変化をもつように見える。それを仮説化したものに，林仮説と呼ばれるものがある。林［1977］が根拠にしている変数の1つは「月間売上高」であり，市場規模を表す経済変数である。そしてもう1つの変数は「一店当たり従業者数」であり，店舗規模を表す流通変数である。

同仮説の根拠になっているのは，高度経済成長期の両変数がともに右肩上がりであるという時系列変化である。それを根拠に流通構造は経済構造に依存していると考える。高度経済成長を経て市場規模が拡大すれば，流通構造もまた大規模小売店を中心としたアメリカのそれのようになるであろうと判断したのである。

注意するべきことはデータベースが商業統計であり，図表11-2のように

図表11-2　林仮説の根拠となるデータ

年度	商店数（千店）	月間売上高（億円）	一店当たり従業者数（人）
1952年	1,205	1,530	2.2
1954年	1,334	2,268	2.4
1956年	1,370	…	…
1958年	1,445	3,175	2.8
1960年	1,517	4,055	2.9

出所：林［1977］90頁

1952年から1960年まで２年ごとにしかデータを掲載していない。あまりにもデータのインターバルが長すぎて，市場規模も一店当たり従業者数も，実際にはどのような時系列変化をもっているのかが不明なままである。

ところがこの問題意識が流通研究には存在しなかった。というのも非定常性への理解が不足していたからである。

3　非定常性への無理解

非定常性という概念が理解されるようになったきっかけは，そもそもクロスセクション分析と時系列分析で異なる結果が出ることを，研究者が不思議に思ったことにある。

クロスセクション分析では無相関なのに時系列分析では相関関係が生じる。反対に，クロスセクション分析では相関関係が生じるのに時系列分析では無相関。このような性格があるため，非定常性という概念を使って説明しようとしたのである。

ところが流通研究の世界では，商業統計特有の事情によってクロスセクション分析と時系列分析では異なる結果が出るということがはっきりしない。そこで非定常変数への理解が遅れることになる。

流通変数の時系列変化がどのようになっているのかを知るための方法論は，「既に時系列変化の知られている変数との関係性を，クロスセクション分析を使って観察する」という方法になるのは当然である。

時系列変化のよく知られている変数といえば，経済構造を表す変数である。市場スラック仮説では「市場成長率」，自己雇用モデルでは「雇用弾力性」という経済変数を使うのだが，どちらもその時系列変化がよく理解されている変数である。

そこでそれらの経済変数と，流通構造を表す変数との関係性をクロスセクション分析で検証する。経済変数との関係性が強いと判断できれば，流通変数もまた経済変数と同じ時系列変化をもっているであろうと結論付ける。反対に，経済変数から独立している，もしくは関係性が弱いと判断すれば，流通変数は経済変数とは異なる時系列変化をもっていると考える。

結論から先に言えば，非定常性変数では，関係性と時系列変化は全く別なので，クロスセクション分析を使って関係性を検証したところで，流通変数の時系列変化を確認したことにはならない。

4　疑似相関という言い訳が非定常性をわかりにくくする

時系列変化をクロスセクション分析では検証できないことを認識しにくくしているものに疑似相関がある。その典型的な事例が，「朝食摂取率」と「学校の成績」の関係である。

両変数には強い関係性があり，そのために朝食摂取率別クロスセクション分析を行うと，強い正の相関関係が生じる。ところが実際には朝食摂取率が上がったところで成績が上がらないことから，多くの人は両変数が疑似相関だから生じる現象なのだと勝手に理解してしまうのである。

両変数間に正の相関関係が生じる原因は，経験的に知られている。家庭環境を原因変数とした疑似相関の関係になっているからである。良好な家庭環境の子女は成績も良いし，朝食摂取率も高いというのである。疑似相関であれば，朝食摂取率を上げても，成績は自動的に上がるわけではない。このようにクロスセクション分析と時系列変化の違いを説明してしまうのである。

では原因変数の家庭環境が変化すれば，それにあわせて朝食摂取率と成績は同じように時系列的に変化するかといえば，そうはならない。

本当のところは非定常性変数だからであって，非定常性変数は時系列的には無相関に変化するのである。つまり疑似相関というのは，単に非定常性変数の原理がわからない研究者の言い訳に他ならないのである。

5　安定期にある変数ではクロスセクション分析を使ってしまう

いくらインターバルの長い商業統計を使っても，長期トレンドを確認することは可能である。経済変数と流通変数が自律的に変化する以上，両変数が無相関であることがはっきりするのは時間の問題である。反対から言えば，どうしてそんな単純なことが理解できなかったのか。そこには時系列データ特有の問題がある。

図表11-３は２つの変数の時系列変化の３つのパターンを表したものである。左から正の相関関係，負の相関関係，そして無相関である。クロスセクションデータと異なり，時系列データには変動期だけでなく，「安定期」と呼ばれる時期が存在する。２つの変数のうち，両変数，もしくは少なくとも片方の変数が変化しない時期のことである。

正の相関，負の相関，そして無相関。安定期だけを見ればどの関係性も同じ形をしていることに着目してほしい。つまり安定期しか見ていなければ，どの関係であるか，判断不能になるのである。判断不能状態になれば，クロスセクション分析だけで仮説の検証が完了した気分になってしまう。その事例が次の節に紹介する動学比較分析と呼ばれる方法である。

図表11-3　安定期であればどの関係性でも同じ

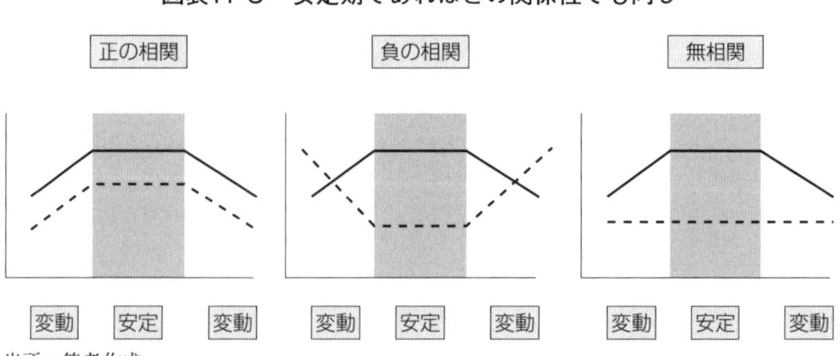

出所：筆者作成

6 市場スラック仮説

静学変数であれば変動期に相当する変数も，動学変数化することによってどちらの変数も安定期になってしまう。この方法を使ってしまうと，長期変動を検証しても，やはりクロスセクション分析と時系列分析の違いが判らなくなってしまうのである。その事例が市場スラック仮説である。

市場スラック仮説はもともと時系列的な問題意識から生まれた仮説である。生活水準や消費水準が上昇するにつれて，食料品などの生活必需品を販売する商店数の比が減少し，逆に買回り品などの奢侈品を販売する商店数の比が増大する現象は，「フォード効果」として広く知られている。

高度経済成長期をその「生活水準や消費水準が上昇する」時期とすれば，その時期にフォード効果が働かないことによってわが国特有の流通構造が形成されたのではないかと考えたのである。そして，その原因をあまりにも高すぎた市場成長率のせいであるとし，フォード効果を打ち消すその現象を「市場スラック」と呼ぶことにしたのである。

ここで重要なことは，市場スラック仮説が使っていた「市場成長率」と「中小小売店販売額シェア変化率」がともに非定常性変数だということである。したがって，時系列変化を知るには時系列分析を使わなければならない。

それにもかかわらず，田村はクロスセクション分析を使って検証をすることになる。業種別クロスセクション分析を使って正の相関関係のある事を確認して，流通構造は経済構造に依存すると判断しているのである。これを根拠にして，わが国の流通構造の特異性の原因を「日本経済の異常な経済成長率そのもの[1)]」と断定することになる。

次の式を見て貰いたい。

個人商店販売額　＝　市場規模　×　個人商店販売額シェア

それぞれの変数の変化率はそれぞれ「個人商店販売額変化率」「市場成長率」「個人商店販売額シェア変化率」である。つまり個人商店販売額変化率は市場成長率と個人商店販売額シェア変化率という２つの変化率に依存していることになる。

個人商店販売額シェア変化率の時系列変化は，業態のライフサイクルによって決定されることは経験的に知られている。成長期には高くなり，成熟して衰退するにつれてしだいに低くなるからである[2)]。

かりに市場成長率と個人商店販売額シェア変化率が同じ時系列変化をもつのだとすれば，業態のライフサイクルは市場成長率に依存することになる。しかし業態のライフサイクルもまた市場成長率から独立していることは経験的に知られている。スーパーが成長したのは確かに高度経済成長期だったが，コンビニが普及したのは低成長期に入ってからである。

たまたま個人商店が市場成長率の高い時期にそれ自身の販売額シェアを維持することに成功したからといって，業態のライフサイクルが市場成長率に依存しているからだと考えることはできないのである。つまり個人商店販売額シェア変化率は市場成長率から独立しているのである。そこで個人商店販売額シェア変化率の時系列変化が，市場成長率のそれから独立していることを検証してみたい。

7　検証

筆者が独自に観察したものが，図表11-4の実質市場成長率と個人商店販売額シェアの変化率の時系列データである。結論から言えば，市場成長率と個人商店販売額シェア変化率はやはり異なる時系列変化をもっており，それぞれが自律的に変化している。クロスセクション分析で見たように正の相関関係があるわけではない。

1960年代から1970年代初頭にかけては個人商店のシェアが大きく低下し，業態転換は急激に進行していた。その意味では，むしろ個人商店はいつ無くなっていてもおかしくない状況にあったと言える。

ではどうしてユニークな流通構造が生まれたのか。たまたまその時期は高度経済成長期であった。市場成長率が高く，そこに多くの個人商店は生存空間を

図表11-4　個人商店販売額シェア変化率の時系列変化

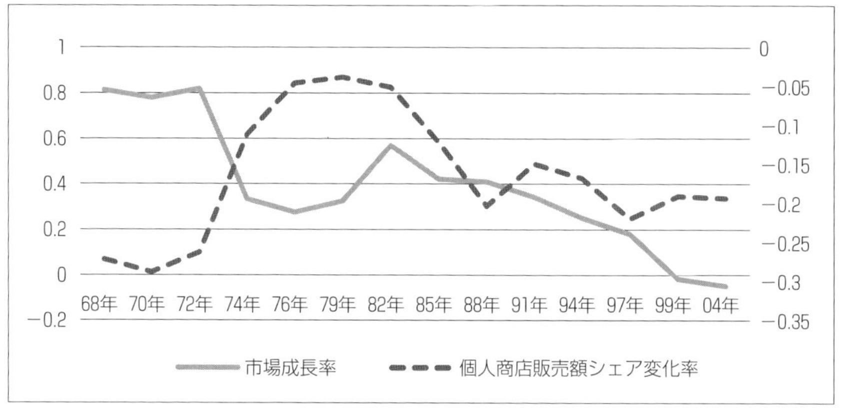

出所：商業統計（1968年より2004年）をもとに筆者作成

見つけたことになる。個人商店からスーパーへ急激な業態転換が起きていたのと同時に，市場規模の拡大がそれを埋めて有り余るほどの生存の場所を個人商店に提供したのである。

市場スラック仮説の言っていたようにシェアの低下を抑えていたという原理は働かなかったが，あまりにも高い高度経済成長がユニークな流通構造を生んだという指摘は，結果的に正しかったのである。

では市場成長率が高ければ，いつも中小小売店販売額シェア変化率は高くなるのか。高度経済成長期における中小小売店販売額シェア変化率が低い水準にあれば，中小小売店は市場で生存することは難しかったに違いない。

市場成長率，個人商店販売額シェア変化率はともに非定常性変数であり，それは予測不可能である。つまり経済構造が予測不可能であるのと同じように，流通構造もまた予測不可能なのである。

8　最後に提言：これからの日本経済における流通政策とは

80年代の終わり頃から，個人商店販売額シェア変化率の水準が落ち着いているように見える。個人商店を取り囲む環境の厳しさがますます指摘される中，資料が示しているのは意外な事実である。つまり単に個人商店からスーパーやコンビニなどの近代的な業態へと業態転換が進む中，そのスピードは意外と変化しているわけではない。

確かに個人商店という業態は既に衰退期に入って久しく，過去の業態と化している。しかし過去の業態なりにその後退の歩みはしっかりと踏ん張ったものなのである。

業態転換のスピードが安定している中で，むしろ市場成長率だけがゆっくりと低下していることに着目してもらいたい。市場成長率の低下の原因は人口減少や少子高齢化だと思われるが，市場成長率と中小小売店販売額シェア変化率の差異を個人商店の生き残る空間と考えれば年を追うごとに減少していることになる。つまり流通構造に急激に悪化している側面があるのだとすれば，それは流通構造に責任があるというよりも，マクロ経済環境の悪化そのものに原因があると言える。その意味では，製造業における海外市場での競争力の低下などと同じなのである。

商店街の衰退に対処しようと思えば，商店街の活性化，まちづくりにおける商店の位置づけの見直しなど，流通に特化した政策を一般的に考えるだろう。しかし商店街政策もまた経済の健全な成長の中に位置づけられるものであって，それ無くして商店街の活性化は考えられない。商店街政策に近道は存在しないことを，本章で理解していただければと考える。

（加茂　英司）

注

1） 田村［1985］65頁。

2） 個人商店販売額シェア変化率は「業態転換のスピード」を表したものに他ならない。同シェア変化率が高いというのは，個人商店がいまだ成長期にあり，スーパーなどの近代的な業態へという転換が遅いということを意味している。反対に同シェア変化率が低いというのは，その業態転換が早いということである。業態転換のスピードを決定するのは「業態間の競争力の差異」に他ならない。新たに競争力の強い業態が登場すれば，個人商店から新しい業態への業態転換は急激に進む。その結果，個人商店の業態のライフサイクルは成長期から成熟期，そして成熟期から衰退期へと，一挙に進むことになる。反対に，あらたに競争力の差異の小さい業態しか登場しないのであれば，新しい業態への転換は遅いものになり，個人商店における業態のライフサイクルは成長期なら成長期，成熟期なら成熟期に長く留まることを余儀なくされる。

引用・参考文献

加茂英司［2015］「非定常性変数を使う場合の流通研究の新視覚に関する研究」『大阪学院大学商・経営学論集』第41巻第1号。
加茂英司［2016］「流通研究におけるトレンドと変数間の関係性の考察」『大阪学院大学商・経営学論集』第41巻第2号。
加茂英司［2016］「流通構造を決定する非定常性変数のサイクルとトレンドの研究」『大阪学院大学商・経営学論集』第42巻第1号。
加茂英司［2017］「市場オーナスから見た流通構造の特徴」『大阪学院大学商・経営学論集』第42巻第2号。
田村正紀［1986］『日本型流通システム』千倉書房。
林 周二［1977］『流通革命―製品・経路および消費者 増訂版』中央公論社。
風呂 勉［1960］「商業における過剰就業と雇用需要の特定」『神戸商科大学論集』通巻第37-39号。

第12章

フランス小売業における e-commerceの急成長と小売店への影響

1 はじめに：ITの活用が勝敗を決める厳しい小売業間の競争

Amazonの成長が続く一方で，その影響を受けて消費者を奪われた小売業の苦境が伝えられる。アメリカでは，歴史のあるシアーズ・ホールディングスの店舗閉鎖やトイザらスの破綻，ショッピングモールの売り上げの落ち込みといった事態に至っている。2017年８月，Amazonは高級食料品の米ホールフーズ・マーケットを137億ドルで買収した。それによりインターネット販売では取扱いが難しいとされる生鮮品を含む食料品分野に参入する足場が築かれた。ネットと実店舗との組み合わせによる相乗効果を追求する動きが急速に進んでいる。

フランスにおいてもe-commerce（以下，EC）の成長テンポは速く，とくに衣料品や旅行関連，音楽関係の現物商品では従来型小売店の経営環境は厳しさを増している。フランスの食料品売上高の３分の２を占めるハイパーマーケットやスーパーマーケットの売上高も伸び悩んでいる。大手流通小売業間での激しい低価格競争は，PB商品の開発，大都市を中心にした小型スーパーの出店増大，インターネットでの注文品を自分で引き取りに行く“Drive”の増設，ここ数年はbio商品の売場への投入，さらには大手流通小売業間の枠を超えた商品共同仕入での提携，商品倉庫のより一層の自動化などのロジスティックの改良といった形で進められている。小型スーパーに関しては，地代の高い都市部での適切な土地不足などの問題などが出てきており，すでに出店は頭打ち状態だともいわれている。bio商品に関しては，bioブームが起こる以前から一部の熱心な支持者向けに店舗を運営していたBio coopなどの組織に加え，大手流通小売（bioのPB商品の開発と販売）ならびに大手メーカー（bioのNB商品の開発と販売）の参入もあり，bio商品市場は今や花盛りである。

本章では，フランス社会におけるECの広がりとそれを支える消費者のITとのつながり方を紹介し，小売業にとってはインターネット経由での買い物行動をいかにして取り込むことができるかがその成長や衰退に直結している状況を明らかにする[1]。

2　フランスにおける商業の市場規模とECの売上高の推移

INSEE（国立統計経済研究所）の統計[2]によるとフランスの商業部門の雇用者数（2016年暫定値）は，319万9,000人で，内訳は卸売が31%，小売が57%，自動車修理関連が12%を占めている。同じ統計での商業部門の売上高（同前）は，１兆4,430億ユーロで，内訳は卸売が7,863億ユーロ，小売が4,772億ユーロ，自動車修理関連が1,795億ユーロとなっている。

小売店の面積別にみた構成（2015年）[3]は，「食料品を主に扱う店」，「非食料品店（ガソリン除く）」の両分野ともに120㎡未満の規模の店舗が多数を占めており，前者は80%，後者は70%である。売り場面積の大小にかかわらずすべての小売業が現在ECとの顧客争奪戦に巻き込まれている。インターネット利用者は1990年代半ば以降に増大し始め，ECは生鮮品以外の分野で急速に発展してきた。まずはECの市場規模について確認しよう。

フランスのネットショップ業界団体Fevadによるプレス発表[4]では，2017年のフランスのEC市場規模は817億ユーロであった。流通業界専門誌LSAに掲載[5]されたFevadの調査による2017年のECの市場規模予想はイギリスが1,974億ユーロ，ドイツが856億ユーロ，フランスは817億ユーロであった。実際に2016年にフランスのECで記録された販売総量は720億ユーロであった。第１位

図表12-1　フランスのマーケットプレイスで記録された販売総量（2016年）

順位	企業名	販売総量	順位	企業名	販売総量
1	Amazon	3,7Mrds€	6	Fnac	150M€
2	Cdiscount	900M€	7	La Redoute	130M€
3	eBay	400M€	8	Rue de Commerce	110M€
4	PriceMinister	300M€	9	ManoMano	75M€
5	AliExpress	200M€	10	Darty	40M€

出所：LSA, N° 2469,13 juillet 2017, *Le Top 10 des marketplaces en France,* p.9.（LSA調査）

のAmazonは37億ユーロ，第2位のCdiscountは9億ユーロで，両社の間には4倍以上の差がある（図表12-1）。2016年の1日のサイト訪問客数はAmazonが370万人，Cdiscountが170万人[6]だという。フランスのECは急成長しているとはいえ，現状ではまだ小売全体の8％を占めているにすぎない。イギリスのその割合は16％に達しており[7]，フランスのECには成長の余地が多分に残されている。

3　インターネットを利用した買い物客の増大と業界への浸透度

Le Parisien紙の特集[8]には，フランスのインターネット利用状況の変化が示されている。それによるとインターネット利用者数は2006年の2,650万人，2011年の3,860万人，2016年の4,530万人へ，インターネットで買い物をする人の数（各年第1四半期）は2006年の1,510万人，2011年の2,800万人，2016年の3,550万人へと増加している。それぞれの年のインターネット利用者数に占めるインターネットで買い物をする人の数の割合は57％，72.5％，78％となっており，その割合は年々高まってきていることがわかる。

2016年のECの市場への浸透度[9]を見ると，旅行業界は201億ユーロの売上高で，市場シェアでみたECの浸透度は44％である。文化関連商品へのECの浸透度も高い。文化関連商品とは，出版物，書籍，CD・DVDや音楽ビデオなどの現物商品，音楽のダウンロードなどの非現物商品を代表とする領域を指している。この業界の2016年の売上高は33億ユーロで浸透度は43％である。繊維では売上高が7億ユーロ，浸透度は27％，ハイテク製品では売上高が34億ユーロで浸透度は22％，家電製品の売上高は14億ユーロで浸透度は17％，衣料品の売上高は44億ユーロで浸透度は16％となっている。

INSEEのインターネットでの買い物状況に関するレポートによると，「過去12ヵ月のインターネットでの買い物実践に関する状況」がわかる。15歳以上の全体でみるとその数値は，2008年の36.1％から2016年の59.4％へと増大している。年齢階層別に両年を比較すると「15歳以上29歳未満」で2008年の52.6％から2016年の76.3％，「30歳以上44歳未満」では50.4％から79.4％へ，「45歳以上59歳未満」で34.6％から62.9％へ，「60歳以上74歳未満」で15.1％から41.0％へ，「75歳以上」で3.2％から9.5％へとあらゆる年齢層で大幅な伸びをみせている[10)]。また「卒業証書・免状別」での調査結果も示されており，「過去12ヵ月のインターネットでの買い物実践」はいわゆる学歴の違いには関係なくどの学歴層でも大幅に伸びている[11)]。

インターネットの利用価値を多くの人が実感している。場所や時間を問わずどこからでも情報にアクセスできる便利さ，インターネット使用時に利用者が感じる不満を解消する技術の進歩，インターネットサイト数の増加ならびに多種多様な品揃え，同一商品の企業間の価格比較など，インターネット利用者にとっての利用価値はますます高まっており，この動きに後戻りはない。

4　文化関連商品市場をめぐる競争

文化関連商品を扱う小売業では，消費者の購買行動が現物商品の実店舗での購入か，あるいは他社を利用したインターネット注文による購入かといった競争とともに，現物商品の購入か，それともダウンロードなどの非現物商品としての商品の購入かといった競争も加速してきた。こうした市場の変化は1990年代後半以降急速にみられるようになった。

以下では，INSEEの2014年のレポート[12)]に基づき，1996年から2011年にかけての文化関連商品の市場動向についてその特徴を概括する。この市場での主要商品は，「書籍」，「出版（新聞，雑誌，専門誌）」と「音楽・ビデオ」である。2011年のこの業界の売上高は80億ユーロで，「音楽・ビデオ」では非現物商品（ダウンロードなどによる無形のもの）が売上高の23％を占めている。「書籍」では22億ユーロだった1996年の売上高が2011年には35億ユーロにまで拡大している。同時期の価格上昇は18％であった。これとは対照的に，「出版」では，1996年に42億ユーロあった売上高は2011年には27億ユーロにまで減少している。後退の主な理由は，2000年に開始された無料配布の新聞ならびに電子版の新聞が従来型の出版業界の強力な競争相手として立ち現れたことである。「音楽・ビデオ」の市場では，この15年間にわずかながら市場は拡大し2011年の市場規模は約20億ユーロである。非現物商品の登場によって2007年から2011年の間にCDの販売は38％減少した。また，違法なものも含めてのダウンロードなどによる音楽視聴の広がりなどにより，一商品当たりの販売価格は低下している。

支出の面からもみてみよう。文化関連および娯楽関連（旅行関連は含まない）商品を10項目に分けて2000～2016年の各年の支出割合を出したINSEEの統計[13]がある。それによると，これら10項目の支出合計を100％とした場合，「出版，書籍，文房具」は2000年の19.0％から2016年の14.6％へ，「テレビ，ハイファイ，ビデオ，写真」は11.0％から8.8％へ，「ディスク，カセット，フィルム写真」は7.0％から2.3％へとそれぞれの支出割合を低下させている。こうした支出の変化の背景には，より短時間で入手できる方法，画像や音質の新しさや質の良さを求める消費者の意識と行動の変化があると思われる。

5　衣料品市場をめぐる競争

(1)　soldes-在庫一掃の好機

フランスでは，夏と冬の年に２回，soldesと呼ばれるバーゲンセールが行われる。これは商法の規定に基づき実施される正当な値引き販売であり，2015年１月１日以降の実施期間は夏と冬にそれぞれ６週間と決められている。バーゲンセールでの取扱い可能な商品は，バーゲンセール開始日までに少なくとも店頭に１ヵ月は陳列されていたか，すでに仕入れ済みの商品のみであり，これらに限って値引き販売が可能となる。これらの規定はインターネット販売を含む通販にも適用されている[14)]。バーゲンセールの期間には，衣料品や履物の市場を中心にして20～40％の値引き札が貼られることが多く，時には７割引きやそれ以上の割引商品もあるため，消費者にとっては待ち遠しい買い物の機会となっている。LSA向けにTolunaが行った調査[15)]によると，2017年夏のsoldesでは75.5％のフランス人が買い物での支出をした。前年同期比では1.3ポイントのマイナスではあるが，その回答からはバーゲンセールの期間に買い物をした人のうち73％が「衣料品」に，32.9％が「スポーツ関連商品」に，20.4％が「衛生・美容品」に，15.7％が「ハイテク商品」に，14.9％が「家・装飾商品」に支出しており，小売業にとっては在庫一掃の有効な機会となっている。同期間に消費者によって主要な買い物場所として選ばれたのは，「ショッピングセンター（centres commerciaux）」が１番目で46.3％，２番目が「インターネット」の42.6％，３番目が「大規模食料品店」の35.6％，４番目が「市街地の小売店」で31.7％，５番目が「百貨店」で28.3％であった。インターネット経由での買

図表12-２　e-commerce売上高の推移

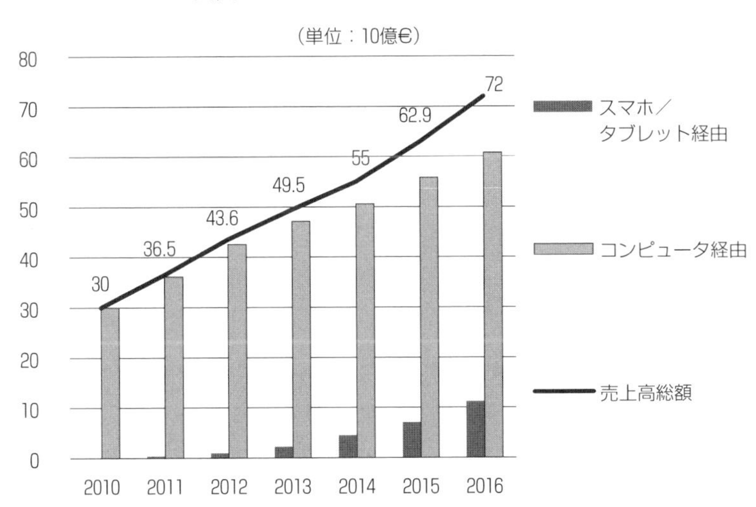

注：数値はFevadの調査による。
出所：Le Parisien Chaier Spécial, 15 décembre 2017, *Achats en ligne: tout le monde s'y met,* p.3.

い物が１番目のショッピングセンターを今にも追い抜きそうな様子がうかがえる。

同バーゲンセール[16]では，バーゲン開始日に買い物をした人のうち39％がスマートフォンあるいはタブレットの利用で商品を手にしている（2015年は15％，2016年は21％）。モバイル利用者の増大によりインターネット経由の買い物行動はますます増大していくことが容易に予想される。Le Parisien紙による（図表12-２）と，2010年のEC売上高300億ユーロはコンピュータ経由での購買によるものであったが，2016年には売上高が720億ユーロに増大し，そのうち112億ユーロがスマホ／タブレット経由の購買によって生み出されている。

(2)　soldesに陰り

こうした賑わいを見せるsoldesだが，かつてほどの勢いはない。ECの台頭により１年を通して比較的安い買い物ができるようになったことで，消費者は年に２回の soldesに従来ほどの関心を示さなくなってきているからだ[17]。

soldes以外では，クリスマス商戦が小売業ならびに消費者にとっての最大イベントである。だがこのクリスマス時期の販売を終えて冬のsoldesが始まるまでには１ヵ月近くの空きが生まれる。大規模小売店やチェーン店などではほぼ年間を通しての販売促進や店舗独自の顧客向け優待割引などがしばしば行われており，クリスマスの翌日には次の売り出しを開始することが多い。こうした状況はsoldesの開始に合わせて在庫整理の値引き販売をする一般小売店にとってECの成長と並ぶ苦戦の要因となっている。チェーンに属さない中小規模の一般小売店にとっての競争環境の整備と改善が求められている。2018年１月10日，フランス政府は現在夏と冬にそれぞれ６週間となっているsoldesの期間を４週間に短縮する決定を公表した（実施：2019年）[18]。セールの中だるみを回避し，短くなった期間に値引きを集中して一気に客を動員する枠組みを整備することでsoldesの存在感を高める狙いがある[19]。

実際，一般の小売店ではインターネット通販や大規模小売店の攻勢に対応すべく，soldesから外れた時期の販売促進の動きが見られる。CROCISの調査では[20]，パリにある衣料品店舗の61％が2017年夏のsoldes開始前に客を惹きつけるための販売促進あるいは店舗独自の顧客向け優待割引などを実施していた。なおこのように各店舗が独自に実施する値下げにはsoldesという言葉を用いてはならないことが商法で定められている。季節や流行に左右されるとはいえ衣料品は食料品のように頻繁に購入する必要のない商品であるため，あらゆる業態で他の同業者よりも一歩先を行く販売行動に出ようとしている。だがこうした動きがほぼ年間を通して大量に発せられる広告宣伝や値引き合戦をもたらしており，商品価格はもはや商品の実際の価値を表現しなくなっているとの指摘[21]もある。さらに，衣料品業界はECの攻勢による影響だけではなく，外資系ファストファッションの進出によっても売上高の減退に直面してきた。

(3)　モード業界の巻き返し行動

フランスのモード業界はすでに1960年代から家計支出が衣料品から他の商品に移動するという状況に追い込まれてきた。INSEEの調査[22]から「風貌」にフランス人がかける支出の推移をみてみよう。その調査では「風貌」に関連する商品・サービスを５項目に分け，それらへの家計支出の割合を出している（図表12-３）。それによると，衣料品は1960年の65.7％から2015年の41％に低下している。それに反して，同調査では，家計支出全体からみた「風貌」に関連する商品への支出割合は1960年の６％から2015年の12％へと増加していることも指摘されている。「風貌」に関連する商品やサービスが新しく登場し，それらへの支出が増加したことで衣料品への支出割合は減少してきたと考えられる。女性用の衣類に関しては2008年以降で売上高は18％減少しており，2008～2016年の間にsoldesと販売促進が販売に占める重みは32.7％から42.2％へと増大している[23]。現状では在庫一掃による店舗運営活性化の１つの手段であるsoldesや競合に負けじと展開する販売促進活動が収益減少の一要因になってしまっている。

では，消費者の購買行動の変化に合わせて，モード業界は巻き返しのためどのような動きに出ているのだろうか。現在フランスのモード業界には，268の商標と１万8,118の店舗があり，店舗の総面積は560万㎡である[24]。1990年代の末にH＆MとZARAがフランスに進出し，価格の安さと流行を追った商品をやつぎばやに陳列することにより新規顧客の獲得に成功した。2014年末には低

図表12-3　「外見」関連の主要５項目で見た家計支出の構成割合の推移（%）

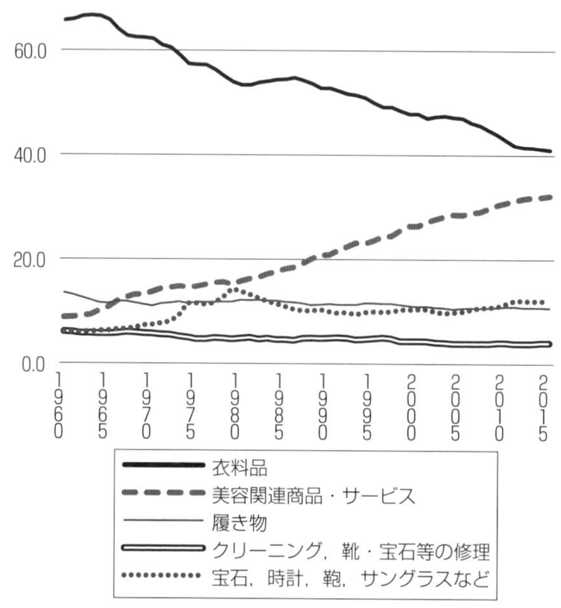

出所：INSEE, Les dépenses des Français pour leur apparence physique.
Source: Insee, comptes nationaux, base 2010

価格商品を揃えるPrimarkの進出もあり，価格競争は激化していった。

フランスのモード業界はこのように苦戦を強いられているが，一部には外資系ファストファッションやECに対抗すべく，製造工程の見直しなどで価格引き下げを実施している企業も存在する。Kiabiは1978年操業開始の衣料品専門店でフランスの既製服業界のリーダーである。大人用と子ども・赤ちゃん向けの商品を取り揃え，ヨーロッパ諸国への進出先も含めると400を超える店舗を運営している。Kiabiグループの2016年の売上高は18億ユーロである。以下ではLSAの記事[25]に基づき，Kiabiの競争に勝ち抜くための取り組みを紹介する。KiabiはPrimarkがフランスに進出してくる２年前の2012年に17％の価格引き下げを実施している。企業内部に商品制作のための人員約200名（そのうちスタイリストは56名）をかかえ，毎年１万2,000点の新作を発表してきた。商品価格引き下げのためにこの企業が実施したのは，新作発表数を半減することや毎年およそ100万本売れるジーンズの色の種類の削減やジーンズのポケットの標準化などであった。これらを通して部品ごとに数十サンチーム[26]の切り詰めを可能にした。またこの過去４年間でさらに商品価格を20％引き下げており，現在の１商品の平均価格は7.30ユーロになっている。これと類似の取り組みを同業のGémoも行っている。

この例からわかることは，１商品当たりの製造コストの引き下げ額はわずかであっても販売量が大量である場合，製造工程などの工夫によって販売価格の引き下げが可能となるということである。だがこれはいままでファストファッションやECの急追に十分な対応をとってこなかったフランスのモード業界には削ることのできる余地がまだあることを示しているともいえるだろう。多くの店舗を保有するチェーン店などではこのような競争条件の見直しで競合企業に対抗していくことが可能であろうが，販売する商品を卸売業者から納入し細々と販売活動に勤しむ中小規模の小売店では独自の競争環境の整備は困難を極めていることは事実である。

6　最後に提言：小規模店ならではの丁寧な接客と特徴的な商品の提供

フランスでは都市部においてパン屋や肉屋などの小規模食料品専門店を利用する消費者がここ数年増える傾向にある[27]。人口密度の高い地域には収入も比較的高い層が集まっており，小売店が身近にあるといった便利さなどもこれらを支える理由となっている。では，小規模小売店の存在意義はどこにあるのだろうか。１つには丁寧な接客（商品説明や利用方法など）である。これを大規模小売店で常に実践するのは容易ではない。次に，低価格競争に巻き込まれないですむ商品（品質の良さによる価格の維持）の提供である。専門小売店に関してはそれが追求可能な場合があるだろう。その他には，同一地域に多様な店舗が存在することで消費者を呼び込み，消費者に快適さを与えられるかどうかである。また，消費者の購買力の引き上げならびに適切な競争のための規制も必要である。購買力の引き上げについてはそれを可能にする所得や税金の社会的再配分の仕組みに関連する政策とその実施が求められる。これらにより社会全体での生産と消費と販売とのよりよい循環が生み出されていくことになる。

（森脇　文子）

［付記］本研究は平成28年度科学研究費助成事業の基盤研究（C）一般16K03970「フランス流通小売業にみる競争環境の変化と低コスト戦略に関する実証分析」の研究成果の一部である。

注

1）消費者に時間の節約という意味での便利さを提供することで成長著しい小型スーパー，"Drive"，bioブームに関する分析は別稿での課題としたい。

2）INSEE, *La situation du commerce en 2016*（*Éd.décembre*）, p.13.

3）同前p.37の「secteurs d'activité」。

4）Bilan 2017 du e-commerce en France: les ventes sur internet en hausse de 14% sur un an, CMMUNIQUE DE PRESS, le 6 févriér 2018.

5）LSA Hors-série, novembre 2017, *L'e-commerce français en un coup d'oeil,* p.16. Fevadの調査による。

6）Le Parisien Cahier Spécial, 15 décembre 2017, *Achats en ligne: tout le monde s'y met,* p.2.

7）LSA Hors-série, novembre 2017, ≪*A Noël, nous traitons jusuqu'à 2,5 millions de colis par jour*≫, p.12. Fevadの調査による。

8）前掲Le Parisien Chaier Spécial, p.3。

9）前掲LSA Hors-série, novembre 2017, p.17。

10）INSEE, *Achat sur l'internet selon l'âge en 2016.*

11）INSEE, *Les technologies de l'information et de la communication dans les ménages entre 2008 et 2016*の*Taux d'achat sur internet selon le diplôme et l'âge.*

12）INSEE, Insee premièreN° 1517, octobre 2014, *Le commerce de biens culturels à l' heure d'internet et de la dématérialisation.*

13）INSEE, *Dépenses culturelles et de loisirs en 2016.*

14）期間に関しては，隣国と国境を接する地域での適用外（ex. 不利益を回避するためのバーゲンセール期間の前倒し）などがある。DGCCRF, décembre 2017, *Soldes: Quelle réglementation?* 参照。

15）LSA, *Soldes d'été 2017: un bilan à cinq semaines très mitigé,* 01/08/2017. https://www.lsa-conso.fr/soldes-d-ete-2017-un-bilan-a-cinq-semaines-tres-mitige, 263252（2018年1月31日閲覧）

16）LSA, 05/07/2017, *Soldes d'été：39% des achats en ligne ont été réalisés sur smartphone ou tablette*［*Etude*］, Le Webloyalty Panelの調査による。https://www.lsa-conso.fr/soldes-d-ete-39-des-achats-en-ligne-ont-ete-realises-sur-smartphone-ou-tablette-etude, 262102

17）たとえば，CCI PARIS ILE-DE-FRANCE, *Soldes et promotions: quel avenir?,* Prise de position présentée et adoptée par Magalie CARRÉ à l'Assemblée générale　1 er juin 2017（2018年1月31日閲覧）

18）経済金融省のプレス発表，le 10 janvier 2018 N° 285, *Remise du rapport de la*

Commission de concertation du commerce relatif au dispositif des soldes。

19)　これは2017年秋に経済・金融相の求めに応じて開催された商業団体の集まった会議の際に，soldesに関して多様な意見はあるが最終的に一致することのできた点であり，それを反映した政府の行動である。Commission de consertation du commerce, *Consertation sur les solde,* octobre 2017参照。

20)　CROCIS, juillet 2017, *Enquête Soldes d'été 2017,* p.3.

21)　前掲Commission de consertation cu commerce, p.13.Insee Premiére N°1628, Janvier 2017.

22)　INSEE, Insee Première N^O1628. Janvier 2017. *Les dépenses des Français pour leur apparence physique.*

23)　LSA, N° 2465-2466, 22 juin 2017, *La grande lessiveuse du marché de la mode,* p.8, p.11.

24)　同前p.9。

25)　同前pp.10-11およびLSA, *Dans les coulisses de Kiabi,24/05/2017,* https://www.lsa-conso.fr/dans-les-coulisses-de-kiabi, 259625（2018年１月31日閲覧）

26)　100サンチーム＝１ユーロ。

27)　INSEE, *Activité des formes de vente du commerce de détail en 2016.*

引用・参考文献

国末憲人［2017］『ポピュリズムと欧州動乱 フランスはEU崩壊の引き金を引くのか』講談社。

瀬藤澄彦［2017］『フランスはなぜショックに強いのか　持続可能なハイブリッド国家』文眞堂。

第13章

関係性を基軸とした商人家族研究の深化

1　はじめに：商人家族研究の意義

商業研究領域では，零細・小規模小売業者を中心とした地域商業者は小売競争において創造的競争を生みうる，あるいは促進しうる主体の1つとして位置づけられている[1)]。このような地域商業者が発揮する創造性の源泉は，経営者あるいは従業者の個性的な経営志向[2)]，商品取扱い技術[3)] あるいは地縁[4)] などいくつかの要因が考えられるが，本章で着目する源泉の1つは商人家族として概念化されている関係性の側面である。

たとえば，地域商業者が競争の中で創造的な一手を打つ局面を考えてみよう。その一手が可能になったのは，市場に対する独創的なインサイトが働いたのかもしれないし，差別的な商品取扱い技術を上手く市場にフィットできたのかもしれない。ここで着目したいことは，おそらくこの一手は安易な発想や試行から生まれたものではなく，一言では形容できないような努力の積み重ねの中で生み出されたのであろうという点である。

では，そのような多大な負荷がかかる険しい道のりを，地域商業者はどのように乗り越えることができたのだろうか。本章で検討したいことは，そのことを可能にしたのは家族あるいは従業者の支えがあったから，という側面である。これが商人家族研究の基本的な関心の1つである。

本章の目的は，この局面を精緻化する理論的課題を示すことで，さらなる研究深化の可能性を探ることである。第２節では，これまでの商人家族研究の蓄積を整理したうえで現時点の到達点を示し，第３節では今後の研究課題を提示する。

2 商人家族研究の系譜

(1) 商人家族研究の理論的基盤

地域商業者およびその家族従業者に研究の関心が向けられるようになった契機は，日本の商業構造における過多性，低生産性および零細性に対する理論的説明が試みられたときである。風呂［1960］は自己雇用という概念を用いてこの現象を説明した。自己雇用とは経営者の自己労働およびその家族による労働を意味する。風呂［1960］は一定の景気循環のなかで，地域商業者による自己雇用が，商業構造における過多性および低生産性を高めるメカニズムを示した。また，この説明については，藤本［1983］の実証分析によって一定の妥当性が確認されている[5)]。

図表13-1　家族従業者の定義の階層性

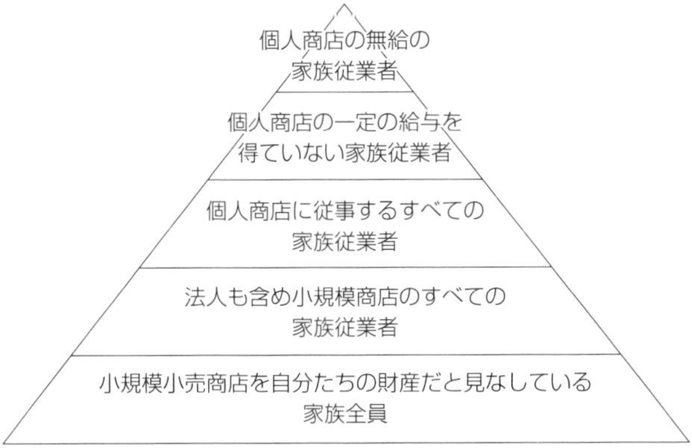

個人商店の無給の家族従業者
個人商店の一定の給与を得ていない家族従業者
個人商店に従事するすべての家族従業者
法人も含め小規模商店のすべての家族従業者
小規模小売商店を自分たちの財産だと見なしている家族全員

出所：石井［1996］270頁

石井［1996］は自己雇用概念を発展させ，一定の性質を有する家族従業者を商人家族として概念化することで，家族従業に新たな理論的評価を与えている。家族従業者の定義については，図表13-1に示すとおりである。これらは一義的な定義を示すものではなく，どの定義を採用するかは問題設定に応じて選択される。

石井［1996］および石井ほか［2007］によれば，商人家族とは一定の家業意識を有する経営者およびその家族従業者を意味する。家業意識とは「商店は家族の特定の誰かの所有物ではなく，家族全員の所有物である（石井ほか［2007］）」という家族財産意識と，「商店経営は，わが家族を経済的にも精神的にも支える家業である（石井ほか［2007］）」という家族基盤意識から構成される。また，家業意識は「この小売業は自らの一生を賭けた仕事であり，それなしでは自らの人生の意味がなくなってしまう（石井［1996］）279頁）」という天職意識が高まることで向上する。そして，商人家族は，第１に事業の継続および継承を支える基盤になりうること，第２に標準化されない技能の習得および継承の基盤になりうることが説明されている。

(2)　商人家族研究の展開：内部構造と事業継承

以降の商人家族研究は石井［1996］が提示した商人家族概念を基盤として，第１に内部構造，第２に事業継承を基本的な研究課題として発展している。まず，内部構造に関する研究を整理する。

坂田［2001］は，家族従業に対して家族内の誰がどのように関わっているのかという点から調査を実施し，夫婦が対等な共同経営者として自立的な立場で経営に関わる実態を記述している。簡［2002，2005］はこの着想を発展させ，地域商業者と家族従業者との間や家族従業者間の相互作用や権力関係を家族従業の内部構造として概念化している。質問表調査に基づく重要な発見事実は，家族従業における仕事の配分は，店舗と家庭における夫婦間の能力と規範をもとになされているということである。とくに，個人商店では「夫は外，妻は内」，そして「夫は店，妻は家」という仕事配分がなされる傾向が強いことが示されている[6]。

同様の問題意識に基づき，坂田［2006］は４軒の商店に対して約300回の参与観察を実施している。調査の結果，夫婦による家族従業では，妻は夫の補助者ではなく協業していること，そして互いに独立しつつ対等なパートナーシップを築く夫婦協働型の家族従業者であることが示されている。また，興味深い事例として，家族ではなく顧客が事業を継承している事例を取り上げ，地域商業における事業継承や商人家族概念を家族だけに限定していいのかという問題が提起されている。

坂田［2006］と同様の指摘は，松田［2015］でもなされている。松田［2015］はある青果店を取り上げ，地域商業者と非家族従業者とが強い関係性を構築しながら，高い水準の商品取扱い技術の習得とその遂行を可能にしている事例を紹介している。そして，地域商業者と非家族従業者との間にも，商人家族と同様の擬似家族関係もしくはそれに代わる同様の関係性が構築される可能性を示唆している。

家族従業の経済的側面だけでなく非経済的側面にまで着目した研究としては，深沼・藤井［2013］を挙げることができる。深沼・藤井［2013］は中小企業全般を研究対象として約4,000社に対する質問表調査を行っている。分析は幅広く行われているが，中小企業の経営成果を金銭面だけで測っていいのかという疑問を投げかけている。そして，その仕事を家族とともに頑張るという点に着目した分析では，地域商業者の生活満足は家族従業者がいるほど高くなるという分析結果を示している。

次に，事業継承に関する研究を整理する。石井ほか［2007］は地域商業の事業継承概念を精緻化するため，第１に家業概念の分類，第２に商店経営が生み出す財産タイプを捉える枠組みを提示している。石井ほか［2007］は日本と韓国における地域商業者の事業継承実態の差に着目し，家業が「家代々の職業」として理解される世襲型家業と，「一家の生計のための職業」として理解される生業型家業に区別されることを示している。また，事業継承への意識の差は，商店経営によって生み出される財をどのように認識あるいは評価しているかによって変化するという着想から，商店経営が生み出す財を図表13-２のとおりに示している。

このような理論仮説は柳・横山［2009］によって分析された結果，おおむね支持されている。性別，年齢および業種をコントロールして安定した結果が得

図表13-2　財のピラミッド：商店経営により形成される財の種類

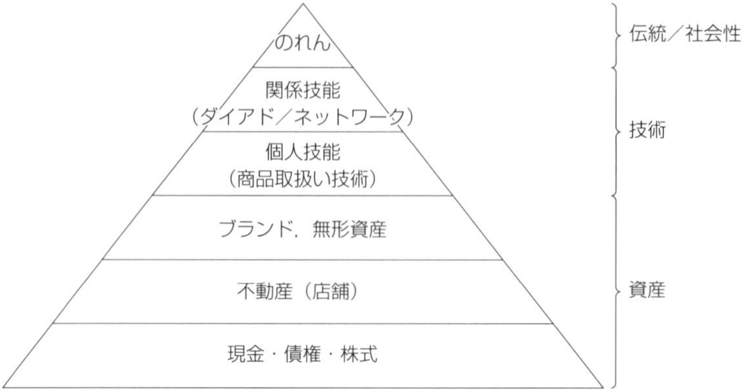

のれん
関係技能（ダイアド／ネットワーク）
個人技能（商品取扱い技術）
ブランド，無形資産
不動産（店舗）
現金・債権・株式

伝統／社会性
技術
資産

出所：石井ほか［2007］

られたのは，次の４変数である。技術を操作化した「顧客関係」，「取引先関係」および「地域コミュニティ関係」において，日本は韓国よりも統計的に有意に平均値が高く，資産を操作化した「商権」において韓国は日本よりも統計的に有意に平均値が高かった。これらの結果から，世襲型家業では技術を重視する傾向があり，生業型家業では資産を重視する傾向があることが示唆されている。

石井ほか［2007］の問題意識を引き継ぎながら事業継承における事業転換期に着目した研究が北山［2013］である。北山［2013］は事業継承者である二代目経営者を基本的な分析対象として設定し，地域商業者であるアルミサッシ店の事業継承事例を分析している。事例では，初代経営者と家族従業者間の家業に対する認識の差，事業継承後における先代経営者の経営への関与および家族従業者の勤労意欲の低さとそれに伴う能力の低さなどが記述されている。これまでの先行研究では，基本的に家族従業者は生産性を高めるリソースとして位置づけられることが多かったが，北山［2013］によって，無償の労働力を期待するという安易な家族従業者の利用が，地域商業者の成長を阻害する側面がある危険性が指摘されたことは重要な示唆であると考える。

3 商人家族研究の展開

(1) 商人家族概念の精緻化

本節では，これまでの先行研究を踏まえたうえで，商人家族研究を深化するためにはどのような理論的課題があるかを検討したい。はじめに，先行研究によって描かれる商人家族像を確認する。

商人家族は一定の家業意識を有する地域商業者およびその家族従業者を意味し，単なる家族従業者ではない。家族従業者と比較した場合，相対的に高い知識および商品取扱い技術を有している，あるいはその基盤をもっている可能性がある。

また，家業を世襲型家業として強く認識し，商店経営によって生み出される財のなかで技術を評価している場合には，事業継承意識が高まると考えられる。一方，家業を生業型家業と強く認識し，商店経営によって生み出される財のなかで資産を評価している場合には，事業継承意識が低くなると考えられる。しかし，このような家業に対する認識は，世襲型および生業型の双方が混在すると考えられ，地域商業者の中でも変容する可能性があると考えられる。

また，家族従業者が経営に参加する場合，家業意識の相違による対立や家業意識の低さによる勤労意欲の低下や成長が阻害される危険性が存在する。そのため，対立を調整する仕組みや学習の場を用意することが有用となる。

これらの整理を踏まえたうえで，まず重要な点は，商人家族と商人家族ではない家族従業者とを区分する家業意識である。理論的に想定される一定の家業意識がどの程度かということを厳密に定義する必要は乏しいと考えるが，どのように家族従業者が商人家族になっていくのかという家業意識の形成過程を議論する意義はあるのではないか。

かつてのように職住一致を前提にできた場合であれば，家族あるいは家族従業者には日々の生活のなかで家業意識が生起あるいは醸成される場と機会があったと考えられる。しかし，基本的に職住分離が前提であろう現在において，日々の生活のなかで家業意識が高まるということは想定しにくい。この問題は家族側だけではなく，地域商業者側にとっても家業意識の向上を困難にする，あるいは低下させる可能性があるという点で，重要な課題である。この問題は単なる家業意識の高低の問題ではない。それは，地域商業者と家族が商人家族になる１つの基盤が失われることを意味し，それは競争優位の源泉の１つが失われることを意味する。つまり，小売競争や小売マーケティングを研究するうえでの理論的重要性が高まっていると考えられる。

次に，内部構造についてもより詳細に検討する余地があると考えられる。先行研究では内部構造を分析する際，地域商業者がどのような経営志向に基づいて行動するかという点が明確にされていない。地域商業研究では，あらゆる地域商業者は経済合理的にのみふるまうわけではないということに一定の理論的合意があると考えられる。小宮［2003］が議論したように，地域商業者はその経営志向によって異なる論理に基づいた経営行動をとると考えられている。

たとえば，自己目的志向を有する地域商業者は特殊商品を品揃えに加えうる。あるいは，石原［2006］が概念化したように企業家商人と街商人では地域への関与の程度が異なると考えられ，この違いは商人家族間での仕事配分に無視できない影響を与えると考えられる。このように，内部構造研究に経営志向研究を接続することで，より説明力の高い概念あるいは理論仮説を提示することが期待できる。

また，多くの場合，主たる家族従業者は配偶者であることから，内部構造の分析単位は夫婦である。しかし，商人家族研究の基本的な関心の１つが事業継承であることや，北山［2013］が提起した家族従業者の危険性を考慮すれば，親子関係に焦点を当てた展開も期待される。もちろん，この場合にも経営志向研究との理論的な接続が有用である。

たとえば，親子で同様のあるいは異なる経営志向を有する場合，それは事業継承にどのような影響を与えるのであろうか。あるいは，事業継承だけではなく，日々の経営活動における学習のあり方が変化することで，品揃えや商品取扱い技術に影響を与えるということも考えられる。

(2)　商人家族概念の拡張

商人家族概念の定義を振り返れば，その概念の対象は家族である。しかし，坂田［2006］や松田［2015］が指摘するように，地域商業者と非家族従業者との間に構築される関係性を無視することはできない。そこでは店舗を，経営者をあるいは従業者を，それなしでは自分の人生が成り立たないといえるほど強く位置づけている。この感情は商人家族が有する家業意識と非常に近しい。また，商人家族であることが高水準の知識と商品取扱い技術を習得するための基盤であったが，この関係性もまた同様の基盤であることが示唆されている。

問題は，そのような感情を基盤とした関係性を商人家族概念の理論的対象に含むかどうかである。商人家族概念はあくまでも家族を対象とした概念であり，家族かどうかという形式的な側面を強調するのであれば，非家族従業者との関係性は商人家族概念とは弁別すべきかもしれない。しかし，家族ではなくとも家族のような感情を基盤とした擬似家族関係が築かれているのであれば，そのような実質的側面を強調して商人家族概念に含むべきなのかもしれない。

いずれにせよ，石井［1996］が商業研究に家族という軸を築いた時点から長い年月が経過していることを考慮すれば，家族に対する規範や実態は変化している可能性がある。これらの点を踏まえれば，商業研究における家族概念とその位置づけを検討する意義は，決して小さくないはずである。

4　最後に提言：競争優位の源泉としての商人家族

本章で強調したいことは，商人家族が競争優位の基盤となりうるという点である。この点は商人家族研究の関心の１つではあったものの，基本的な研究の軸となって展開されてきたわけではない。しかし，ここに着目する意義は高まっていると考えられる。この領域に重要な理論的な課題があることはもちろんであるが，実務的な有用性も決して小さくはない。

小売競争は淘汰競争としての性質を強め，たとえ一定の競争優位が構築されていたとしても市場で存続することは容易ではない。さらに，競争優位をどのように構築するかという次元ではなく，地域商業市場では競争そのものの基盤が失われつつあるという問題も生じている。さらに，地域商業者にはまちづくりを通じた社会貢献がますます期待されるようになり，純粋な経営活動以外の負担も大きくなっている。地域商業者が主体となるまちづくりは自らの市場基盤を構築する側面があるものの，決してそのすべてが経済的な成果を意図して実施されるわけではない。

このような現実を考慮すれば，現代の商人像に日々の経営とまちづくりに耐えうる強さを期待することは理論的な負荷が大きすぎるのではないかと考える。そうであるからこそ，地域商業者１人では適応しきれない局面を支える存在やその基盤として，商人家族に焦点を当てることの意義を見出すことができるのである。

地域商業における活力の源泉の１つは，地域商業者の創造性である。この創造性の源泉の１つが商人家族あるいはそれと同様の関係性である。このような視点で地域商業のあり方を問い続けることが，本書が期待する日本社会の活力再構築への一歩となる。

（渡邉　孝一郎・松田　温郎）

［付記］

本研究はJSPS科研費16K17195, 17K04016の助成を受けた研究成果の一部である。

注

1）横山［2010］。
2）小宮［2003］。
3）石井［1996］。
4）田中［2006］。
5）用いられたデータは昭和39年から昭和54年までの商業統計である。
6）簡［2005］の調査地が台湾であることには一定の留意が必要である。

引用・参考文献

石井淳蔵［1996］『商人家族と市場社会―もうひとつの消費社会論』有斐閣。
石井淳蔵・高室裕史・柳 到亨・横山斉理［2007］「小売商業における家業継承概念の再検討―日韓比較研究を中心として」『国民経済雑誌』第195巻第３号，17-31頁。
石原武政［2006］『小売業の外部性とまちづくり』有斐閣。
簡 施儀［2002］「小売業家族従業とジェンダー」『流通研究』第５巻第２号，51-62頁。

簡　施儀［2005］「小売業家族従業の内部構造に関する一考察—台湾における個人商店と加盟店の比較」『流通研究』第８巻第１号，17-34頁。
北山幸子［2013］「零細小売業の事業転換と継承—川辰商店のアルミサッシ販売を事例として」『立命館経営学』第51巻第５号，135-163頁。
小宮一高［2003］「自己目的志向の小売業者と品揃え形成」『流通研究』第６巻第１号，81-93頁。
坂田博美［2001］「小売業家族従業のエスノグラフィー—フィールドワークに基づく検討」『流通研究』第４巻第２号，１-12頁。
坂田博美［2006］『商人家族のエスノグラフィー—零細小売商における顧客関係と家族従業』関西学院大学出版会。
田中道雄［2006］『まちづくりの構造—商業からの視角』中央経済社。
深沼　光・藤井辰紀［2013］「小企業における家族従業員の存在意義」『日本政策金融公庫論集』第20号，55-70頁。
藤本寿良［1983］「わが国商業における就業構造について」『経営経済』第19号，19-34頁。
風呂　勉［1960］「商業における過剰就業と雇用需要の特性—一つの仮説的考察への展望」『商大論集』第37・38・39巻，205-221頁。
松田温郎［2015］「八百屋として生きる—青果商の個人的経緯に基づく探索的調査」『Japan Marketing Academy Conference Proceedings』Vol.4，172-185頁。
横山斉理［2010］「地域小売商業における大型店と中小店の創造的競争」『マーケティングジャーナル』通巻第116号，55-70頁。
柳　到亨・横山斉理［2009］「商店経営者の『家業意識』に関する実証研究」『流通研究』第11巻第３号，37-54頁。

マーケティング編

第14章

ブランドの価値提案と階層性に関する一考察

1　はじめに：問題の限定

マス・マーケットの崩壊とともに消費の多様化が進み，顧客セグメントの複雑化に適合するために，企業は多数の異なるブランド・アイデンティティを管理する必要に迫られている。市場適応の過程で個々のブランド・アイデンティティの変更を実施しても，既存の自社ブランドとの差別化において重複現象やカニバリゼーションが発生するアイデンティティ・ロスト問題や，成果に結びつかない製品領域に拡張して混乱状態に陥りコミュニケーション資源の拡散を招く事態に直面するなど，ブランド間の相互依存関係の均衡に向けたマネジメントは複雑化の度合いを増している。

本章では，アーカー（Aaker, D.A.）のブランド論を軸として，多様なブランドの集合体をもつ企業が，個別ブランドのアイデンティティ強化およびエクイティ活用（ブランド・マネジャー制）と，全社的視点に立ったブランド体系の相互依存関係の調整および統合（ブランド・マネジメント部門）という，2つの次元におけるブランド管理を実行する際に重要となるブランドの役割と関係性に関する諸課題について，記号論的視点からの考察を試みたい。

2 ブランドの価値提案と記号論

製品管理がR&Dコストを投入して機能面での差別化を図り品質を高めマーケットシェアを獲得する「モノの開発」を対象とするのに対し，ブランド管理はA&Pコストを投入して使用場面の限定化を図り便益を高めマインドシェアを獲得する「意味の開発」を対象とする。

企業は顧客が期待する価値をブランドに付与することで識別，保証，意味付けなどの基本機能を継続的な約束（promise）として提供し，また，双方の長期的な絆（ブランド・ロイヤルティ）の形成を基盤に顧客のマインドスペースに一定の意味領域を創造することで関係性の構築を実現する1)。

ブランド価値は３つの便益（benefit）の複合体として構成される。第１は機能的便益であり，顧客に機能面の効用を提供する製品属性に基づく便益を意味する。第２は情緒的便益であり，ブランドの所有や使用経験が顧客に肯定的な感情を生み出す便益を意味する。この２つは「何のためのブランドか」という役割設定を担う要因である。

ユニクロ・エアリズムを事例として説明すれば，東レとの共同開発による新素材・カチオン可染型ポリマーと呼ばれるマイクロファイバーが通気・吸湿・放湿・抗菌・消臭・放熱・接触冷感・ストレッチ機能を発揮し，汗の吸収と速乾性が快適な涼しさを維持するという機能的便益を特徴としており，その使用により猛暑でも抵抗なく人とコミュニケーションができ，活動への意欲が増進するという情緒的便益が得られる効用を強みとしている。

第３は自己表現的便益であり，ブランドの所有または使用が自己イメージのシンボルとなって他者に伝達されることで一定の意味を表現できる便益を意味する。エアリズムの着用による快適性と活動性は，夏場の電力需要のピークに配慮した節電志向による職場のエアコン温度28℃設定のもとでも発汗が抑制され，体臭を気にせず周囲へのエチケットに配慮ができ，それを着用しない時よりも仕事の達成感や充実感にプラスの効用が得られ，清潔で溌剌なパーソナリティとして人々の目に映るという自己表現的便益に連動している。これは特定のブランドの所有や使用が「何を意味し，どのようなモノ／コトを象徴するか」という意味付け（シンボル化）を担う要因である。

このようなブランド価値の基本設計は，さらに中核顧客層（core customer）の明確化へと進み，同一顧客層へのアプローチを試みる競合ブランドとの差別化を図るため，製品カテゴリー内における自社ブランドの位置付けを調整するポジショニングのプロセスを必要とする。それゆえ，個別ブランドのアイデンティティ形成は，顧客の現実の自己イメージ（どのように実際の自己が知覚されているか）を理想の自己イメージ（どのように自己を知覚されたいと望んでいるか）へと変換する作業であり，顧客自身も気付かない潜在的なニーズに応えていくための将来ビジョンに基づく価値提案といえよう[2)]。

ところで，価値提案は広告表現を通じて訴求されるが，広告媒体が伝達するメッセージは文字・音声・映像の姿をとってブランド価値を連想させる象徴に翻案（encording）され，象徴に意味を付与させるかたちで便益を伝達し，顧客に解読（decording）される。先述のユニクロ・エアリズムの広告表現においては，涼しさ，清潔感，空気のような軽さなどのブランド価値が風（カーテンのゆらぎ），白（シャツ・カーテン・室内の色），ジャンプ（演者の跳躍）に象徴化され，「着ている方が涼しい」というメッセージに映像を集約させながら便益を顧客への約束としてアピールしている。

ソシュール（Saussure, F.de）の記号論をアナロジーしていえば，言語記号であるSigne（シーニュ：記号）は，Signifiant（シニフィアン：記表；意味するもの）と，Signifié（シニフィエ：記意；意味されるもの）という，心的に表裏一体で決して分離できない２つの要素の結合体として理解される。風・白・ジャンプのような聴覚・視覚映像（image acoustique）に付与された概念・意味（concept）は，コマーシャル・メッセージを通じて繰り返し顧客のマインドスペースに刷り込まれ，シニフィアンとシニフィエを結合させる意味作用（意味化）のプロセスによりブランド価値の定着が推し進められる[3)]。

さらに，メッセージの伝達は企業（話し手）から顧客（聞き手）への発語行為（パロール）と捉えることができる。発語行為によって陳述された事柄についてのコミュニケーションは，それと同時に両者の「間人格関係」において行われるメタ・コミュニケーションをも含んでいる。アーカーは所与のブランドから連想される人間的特性の集合をブランド・パーソナリティと定義付け，誠実・刺激・能力・洗練・素朴のような人格を記述するのと同じ用語を使用して製品は認識されるとしている[4)]。人としてのブランド（企業）の発語行為もまた，話し手と聞き手とがある事柄について確認しあう「対象のレベルにおけるコミュニケーション（対象言語）」と，話し手と聞き手の双方がこの交信を通じて互いに承認し了解しあう「相互主体性のレベルにおけるコミュニケーション（メタ言語）」とが同時に行われる。

前者の「対象のレベル」は対象がいかなるものかを指示または述定する「事実確認的・認知的」な命題内容の側面をもつのに対し，後者の「相互主体性のレベル」は言語行為能力をもつ主体同士が「談話共起的」な意思をもって相互に認め合い対話関係を創り上げていく相互行為の側面を意味している。発語行為はこのように二重のコミュニケーションによって構成されるものであり，対象の指示や述定にとどまらず，常にそれ以上のことを遂行する奥行きを備えていることに留意しなければならない[5)]。

オースティン（Austin, J.L.）は，音声を発する行為（音声行為），語彙と文法に適った単語を発する行為（用語行為），指示対象と意味を伴う単語あるいはその連鎖としての文章を発する行為（意味行為）を同時に遂行することを発語行為と定義する。そして，「エアリズムは着ている方が涼しい」という主旨の発語行為は，「エアリズム」，「着る」，「涼しい」などの単語の組み合わせにより構文され発語される次元（locutionary act：発語行為），「着ている方が涼しい」という事態の報告がなされる次元（illocutionary act：発語内行為），さらに，事態の報告にとどまらない言語外の動機付けの次元（perlocutionary act：発語媒介行為）の３つのレベルの言語ゲームとして把握される[6)]。

この発語行為は，意味の指示や事態の報告の次元を越えて，エアリズムというブランドが保証する事柄に対して義務履行の期待を顧客に喚起させる「規範設立的」な意味合いを含んでおり，言語主体同士の間での事前了解のかたちで，ある種の約束が協働関係として背後に横たわるメタ・コミュニケーションであることに注目したい。本来，ブランドは顧客の期待価値と企業の提供価値を一致させ継続的な絆（約束）の形成を担うものであってみれば，協働関係におけるブランドの役割遂行が，期待に応える価値付与から期待を裏切る価値剥奪へと転落した場合，不買行動という強制手段に訴えるのは必至となる禁忌の命令がメタレベルで言外に含まれている。

それゆえ，個々のブランドは，顧客のニーズと競合ブランドとの相関関係が織りなす象徴―意味体系（ラング）の制約の中で，目的と役割の差別化を模索しながら，アイデンティティ強化に向けたブランド価値の形成および訴求（記号的＝示差的意味の開発）という一種の発語行為（パロール）の効果的なコミュニケーション遂行を要求されるのである。

3　ブランドの階層性と相互依存関係

細分化する顧客のニーズに適応しながら個別ブランドの価値を探索し，売れ続ける仕組みを維持または強化するための管理は，「個々のブランドの内的構造」（intra-brand structure）を分析する過程と捉えることができる。他方，多様なブランドの集合体を擁する企業は，全体としてのブランド体系の視点から動態的な市場の変化との均衡を調整しながら，「ブランド間の関係性」（inter-brand structure）に配慮した管理が求められる[7)]。

ブランド体系の目的は，個々のブランド・アイデンティティの目的とは質的に異なり，新規ブランドの発射台として機能し，互いに他のブランドを支援し価値の共通性を生み出す相互依存関係（価値提案の重複が生む混乱の排除を含む）を考慮しながら，あるブランドへの投資から体系全体がシナジー効果的な便益を受けるかどうかという資源配分アプローチに基盤を置いている。

ブランド間の関係性は，ブランド体系を垂直的な側面と水平的な側面に分けて把握することができる。まず，ブランド群の垂直的構成はブランド階層の配置と機能分担を決定するためのブランド階層設定の問題として，次に，ブランド群の水平的構成は，自社ブランド群内におけるグルーピングと，他社ブランドとの結束および提携を決定するためのブランド・フォーメーションの問題として管理領域が設定される。

ファーストリテイリング社の場合，ブランド階層設定はおよそ５段階で把握することができる。階層構造の頂点には第１層である「企業ブランド」があり，提供される製品またはサービスの背後にある組織の文化や価値，従業員の賛同と誠意，管理システム，プログラム，資産やスキル，組織の可視性などを組織連想として含み，下位のブランド階層に対して総体的なエンドーサー（endorser）機能を果たし信頼性を与える。第２層の「事業・範囲ブランド」は，類似製品や営業形態別にグルーピングしたものであり，同社はユニクロ，GU，セオリー，コントワー・デ・コトニエなど複数の業態をチェーン展開している。第３層の「製品ライン・ブランド」は，特定の事業・範囲ブランドとの結び付きをもつ傾向が強く，エアリズムやヒートテックはユニクロおよびGU業態の主力商品として位置付けられている。第４層の「サブ・ブランド」は，製品ライン・ブランドを機能性やデザイン性において詳細に規定するレベルであり，エアリズム・シームレスやエアリズム・メッシュなどが開発されている。さらに，製品特徴あるいは製品と結びついたサービスのブランド化により拡張される第５層の「属性ブランド」と呼ばれるカテゴリーがあり，特定のアスリートとの提携による製品展開やプレミアム会員への特典サービス，環境保全や障害者支援活動のプログラムなどがアイデンティティに融合される。

アーカーは，既存ブランド体系の再設計に向けて操作しうる個別ブランドの役割を階層性と関連付けて分析している[8)]。第１はドライバー・ブランドであり，顧客が購買によって主として受け取りたいと期待する価値提案そのものを意味する。たとえば，ユニクロ・エアリズム・シームレスの場合，顧客は主にエアリズムという名前が表現する技術と性能を購買しているのであり，商品のパッケージや店舗のシェルフスペース，ユーザーのマインドスペースにおいて強いアイデンティティを発揮しうる名前とシンボルがドライバー・ブランドとなる。対照的に，BMW７シリーズやレクサスLSクラスの場合は，特定の車種モデルが提供する機能的な価値提案よりもBMWおよびレクサスというシンボルが表す価値提案が購買意思決定を推進するドライバー・ブランドとなる。それゆえ，顧客セグメントに対して有効な駆動要因の明確化と象徴化の整合性は，階層的なブランド間の関係性の修正プロセスとの連動において実行される必要がある。

第２はエンドーサー・ブランドであり，ドライバー・ブランドによる訴求を支援し，信頼性を与える企業ブランドや競技選手との提携による属性ブランドなどが保証人として，約束された機能的・情緒的・自己表現的便益を提供する。

安心感の提供は，製品が革新的で顧客に使用経験がない場合に重要性を発揮し，スマートフォンやタブレット端末が市場に参入した際に，エンドーサーとしてインテルやクアルコムが部品供給（インテル・ペンティアム・プロセッサー，クアルコム・スナップドラゴン）を，アップルがプログラムソフト（iOS, Safari）面での支援を保証してくれるという組織連想が強力なシグナルとなる。また，バスケットボールではナイキのエア・ジョーダン（マイケル・ジョーダン），フォース（デビット・ロビンソン，チャールズ・バークレイ），フライト（スコッティ・ピッペン）といったトップアスリートのエンドーサーによるカリスマ性が使用経験から生じる感情に豊かさと深みを加えるのである。

第3は戦略ブランドであり，プロダクト・ポートフォリオ・マネジメントとの関連で説明すれば，花形製品（star）のように既にかなりの額の売上高と利益をもたらす支配的なメガ・ブランドと，現在は未知数のブランドであっても将来的に有望視される問題児（wild cat）の双方の中から，中・長期的に組織を挙げて支援する構えをもって育成するブランドを抽出し，選択と集中の観点から優先的な資源配分を試みるものである。グーグルのアンドロイドOSおよびWebブラウザのグーグル・クロームは，それ自体の売り上げが目的ではなく，スマートフォンやタブレット端末の標準的なプラットフォームを支配する将来的な可能性と，ネット検索履歴などの追跡による情報収集能力を背景とするリターゲティング（retargeting）広告収益の獲得（たとえば，ユーチューブ動画に割り込むストリーミング広告やバナー広告などのスポンサー収入）を目論んで開発されている。

第4のサブ・ブランドは，親ブランドのアイデンティティと調和し支援する役割を担う。これは新たな状況にブランドを拡張する場合に，既存製品クラスや属性との連想を薄めるジレンマに伴うリスクに対する解決策として用いられ，また，ニッチで短命なセグメントに最小の投資で適合させるとともに，コア・ブランドを危険にさらすことなく消滅させることができる戦略的機会主義に基づく展開をも特徴とする。約30種目のスポーツ競技用に年間何百種類ものサブ・ブランドのシューズを開発し，デザインと技術の鮮度が落ちればマーケットから適宜フェイドアウトさせ新ブランドと次々に入れ替える巧妙なナイキのサブ・ブランド戦略が，修正，改良，多様化のシグナルとして新たな情報コードを親ブランドのアイデンティティに付加する役割を果たしている[9)]。

このように，個々のブランド・アイデンティティの変更はブランド体系を市場状況の新たなフェーズへと変換させる役割を担っており，差別化と活性化に向けて積極的にマネジメントされるべき価値の発見および創造がダイナミックな成長への鍵となる可能性を秘めているのである。

4 最後に提言：記号的＝示差的意味の創造によるブランド・マネジメント

人間の言語活動は，論理の前提や組み立てに感性が濃密につきまとうことで展開されるものである。対人関係のみならず，商品との関係においても生じてくる感情・情緒・情念の運動を細やかに仕分け，新たな意味や価値をブランド・アイデンティティに昇華させる過程で，記号論的アプローチの貢献度は高いものと思われる。

「着ている方が涼しい：エアリズム」や「自ら発熱する繊維：ヒートテック」というイノベーティブな発語行為による示差性（他の衣類との違い）が表現する意味をブランド価値として受け入れ，マインドスペースにおける商品選択の優先順位を上位に入れ替えるであろう標的顧客の潜在需要を想定し，「意味の開発」を仕掛けるブランド管理を起点に，「モノの開発」に着手する製品管理の一環として素材の技術革新が推進される。

機能的意味は記号的＝示差的意味に従属し，新たな価値が発見され具現化された商品が欲望を生む。行動科学では人々に一定の反応を引き起こすモノを解発信号という[10)]。商品が欲望の解発信号である限り，ブランド価値研究は記号論とのさらなる関係性の深化が求められる。

（田村　公一）

注

1）　青木・電通［1999］14-45頁。
2）　Aaker［1996］pp.95-106（邦訳［1997］120-134頁）.

3） Saussure［1966］pp.65-70, 114-122（邦訳［2016］100-106, 160-171頁）. 言語体系および文法規則（ラング）は，ある社会集団において慣習化され，制度化された約定・規範であり，発語行為（パロール）は，拘束力をもつシンボルの体系を媒介にして自らの能力を実現する諸個体相互のコミュニケーション行為と考えられる。
4） Aaker［1996］pp.141-145（邦訳［1997］181-186頁）.
5） 山本［1980］142-164頁。
6） Austin［1962］pp.91-132（邦訳［1978］159-219頁）. 発語行為は，第1に，一定の意味と言及対象とを伴って一定の文を発するに等しく，第2に，情報伝達・命令・警告・受領などの発語内行為，すなわち一定の慣習的な発言の力をもつ発語を遂行し，第3に，何かを言うことによって説得・勧誘・阻害，さらには，驚かせたり誤らせたりすることなどを惹き起こし，成し遂げる発語媒介行為をも遂行する。
7） 青木・電通［1999］30-31頁。
8） Aaker［1996］pp.243-264（邦訳［1997］320-348頁）.
9） ブランドの役割には他にも，親ブランドのイメージ変更および支援を担う手段として採用されるシルバー・ブリット（silver bullets：銀の銃弾）や，既存のヨーグルト製品にR-1乳酸菌やLG21乳酸菌などの特徴的な成分を構成要素に加えネーミングやロゴで強調するような便益のブランド化（branded benefits）などがある。
10） 上野［1982］100-101頁。

引用・参考文献

青木幸弘・電通ブランドプロジェクトチーム［1999］『ブランド・ビルディングの時代―事例に学ぶブランド構築の知恵』電通。

上野千鶴子［1982］「商品―差別化の悪夢」『現代思想』第10巻第7号，青土社。

落合仁司［1987］『保守主義の社会理論―ハイエク・ハート・オースティン』勁草書房。

田中道雄・田村公一編著［2007］『現代のマーケティング』中央経済社。

三浦 信［1970］『マーケティングの構造』ミネルヴァ書房。

山本 啓［1980］『ハーバーマスの社会科学論』勁草書房。

Aaker, D.A.［1996］*Building Strong Brands,* The Free Press.（陶山計介・小林 哲・梅本春夫・石垣智徳訳［1997］『ブランド優位の戦略―顧客を創造するBIの開発と実践』ダイヤモンド社）

Aaker, D.A.［2004］*Brand Portfolio Strategy,* The Free Press.（阿久津聡訳［2005］『ブランド・ポートフォリオ戦略―事業の相乗効果を生み出すブランド体系』ダイヤモンド社）

Austin, J.L.［1962］*How to Do Things with Words,* 2nd ed., Oxford.（坂本百大訳［1978］『言語と行為』大修館書店）

Corstjens, J. and M.Corstjens［1995］*Store Wars: The Battle for Mindspace and Shelfspace,* John Wiley & Sons.（青木高夫訳［1998］『ストア・ウォーズ―メー

カーと小売業の戦い』同友館）

Saussure, F.de［1916］*Cours de linguistique générale,* Payot.（町田 健訳［2016］『ソシュール一般言語学講義』研究社）.［1966］*Course in General Linguistics,* McGraw-Hill.

Schultz, D.E., S.I.Tannenbaum and R.F.Lauterborn［1993］*New Marketing Paradigm: Integrated Marketing Communications,* NTC Business Books.（有賀 勝訳，電通IMCプロジェクトチーム監修［1994］『広告革命―米国に吹き荒れるIMC旋風』電通）

第15章

デザイン思考型マーケティングによる市場創造[1]

—ナガサワ文具センター「Kobe INK物語」[2]—

1　はじめに：問題を創造的に発見するマーケティング

Clark and Fujimoto［1991］に代表されるように，従来の製品開発研究の多くの焦点は問題解決を対象としている。解決すべき問題が明らかであることが前提とされ，問題を解決する行動に注目する。しかし近年，顧客すらも気づいていない問題の存在が指摘されている。しかし解決すべき問題が明らかではない状況下で，製品を開発しなければならない場合もある。とくに，開発初期段階の状況では不確実性が高く，問題定義の困難性が指摘されている（Lester and Piore［2004］）。そのような状況では，開発者は顧客の抱える問題を探索しながら，問題を明確にできないまま，解決方法を探索するようなプロセスや，解決方法から問題を探索するような試行錯誤プロセスが存在する（石井［1993］）。そして，このような場面では，問題を創造的に発見することの重要性が指摘されている（石井［2009］，［2014］，Lester and Piore［2004］，高岡・コトラー［2016］）。市場創造の要請が高くなる状況では，STP型の限界と新たな思考枠組みの必要性が指摘されている（石井［2009］，コトラー・高岡［2016］，石井・廣田・坂田［2016］）。その解決の1つとして注目されているのがデザイン思考[3]である。デザイン思考は製品，サービス，事業と幅広い適用事例が報告されている[4]。しかしその実現プロセスを記述した研究はほと

Kobe INK物語 第１集「六甲グリーン」

出所：ナガサワ文具センター

んど存在しない。またデザイン思考では市場創造の手がかりとその解決の同時的実現に焦点をあてているため，市場創造から市場拡大への連続的な展開をデザイン思考の対象として捉えた研究は存在しない。

そこで本章では，衰退市場であった万年筆インク市場において，市場との対話を繰り返しながら市場創造と市場拡大につなげているKobe INK物語の展開プロセスを確認し，デザイン思考の観点からの考察を行う。

2 Kobe INK物語の市場創造プロセス

(1) Kobe INK物語

神戸に本社を置く株式会社ナガサワ文具センター（以下，ナガサワ）が，開発，販売するボトル入り万年筆用インクが「Kobe INK物語」である。2018年４月には，そのマーケティング活動が評価され，優れたマーケティング活動を表彰する第10回日本マーケティング大賞奨励賞（㈳日本マーケティング協会）を受賞した。「Kobe INK物語」第１集[5)]は「六甲グリーン」。2007年に発売された。この名前のとおりKobe INK物語は，神戸の地名とその地域の象徴的な色とネーミングで表現したインク製品である。その後新たなインク色を毎年６色～７色開発している。2018年７月時点において発売されている色数は67色に及ぶ。さらに，それ以外に特定店舗限定色として６色，神戸市内で開催された国際美術展の展示作品と連動した「Kobe INK 世界の美術限定シリーズ」９色が期間限定色として存在する。2007年～2018年７月に開発したインクは82色にも及ぶ。さらに，2007年から開発し続けたインクは期間限定色の９色を除き廃番になっていない。色別に販売数量の違いはあるが，それぞれの色は一定の安定した需要を生み出している。

(2)　筆向けインク市場の実態とKobe INK物語の成長

従来の万年筆用インクは，ブラック，ブルー，ブルーブラックの３色が95%を占め，他の色は海外ブランドが数色販売している程度であった。そのため，従来のボトル入り万年筆インク製品は，上位店舗でも年間総販売数量は300本程度である。衰退状態にあるインク製品市場[6]においてKobe INK物語は2017年には年間約３万本を生産する規模の需要を生み出している。しかも発売以来，自社ホームページ，ソーシャルメディアと店舗以外ではプロモーション活動を行っていない。現在，国内製品単独ブランドの色数ではトップ，世界においても上位に入る。

(3)　神戸の「日常色」をインクに

神戸で育ち，就職も神戸で勤務できることを条件に企業を探したほどのナガサワの竹内直行氏（商品開発室長，以下，開発者）は，神戸には，特別の想いがある。その神戸が輝く色を地域から見出し，インク色にすることを思いついた。きっかけは1995年に発生した阪神・淡路大震災であった。神戸で育ち働く場所も神戸にこだわりをもつほどの開発者は，勤務する三宮センター街の店舗も大きな被害を受けた。それから約10年。綺麗な街を取り戻した神戸を多くの人々に知ってもらいたい，同時に神戸発の文具の開発の想いがKobeINK物語として実現した。

第１集は「六甲グリーン」。開発者が震災からの復興時にもいつも心を癒やされていたのが六甲山の変わらない緑だった。その深みのある緑をインク色として再現した。グリーンのインク色は当時も今もほとんど存在していない。売り上げだけを考えれば，当時，用途もはっきりしないグリーンは商品化する判断は難しい。しかし開発者はインク製品を媒体に神戸の魅力を伝えたい想いに従い，自身の頭に最初に浮かんだ六甲山の緑をインク色として選択した。第２集は「波止場ブルー」。神戸港から定期的に出港する遊覧船に乗り沖に出たところで見える青空に反射する海の色を表現した。第３集は「旧居留地セピア」。旧居留地にある38番館と呼ばれる建物の外壁の色を再現した。当初，開発者はこの３色を開発して終了する予定だった。しかし３色の販売が開始されると，社会，顧客からの他の地域の色を開発する要望が相次いだ。予想以上の販売実績と反応の良さが後押しし，2007年だけで全７集が開発された。

⑷　予想外の顧客と応援，用途が広げる地域連携型開発

2007年に７色を発売してみると，従来にはない神戸を捉える視点（見え方）が評価されさらに多くの人々の反応があった。たとえば，自身の住居や実家のある地域がインク色になった顧客が，開発者に握手を求めお礼を伝えるために店舗に来店した。また手紙を書くときは「御影グレー」（第10集）しか使わない顧客など，Kobe INK物語のファンが生まれていることが実感できた。予想外だったのが万年筆を使っていなかった顧客が多く来店してくれたことである。多様なインク色が「このインクで手紙を書いて自分の想いを表現し相手に伝えたい」との欲望を創造し新たな市場となっていった。予想外に売れたのがグリーン，そして赤だった。女子高校の教員は学生のレポートのコメントに「岡本ピンク」（第12集）を使用していた。レポートのコメントの記載にこのインクを使うと生徒の反応が良かった。そこで以降，岡本ピンクを使用することになった。またある医師は診察カルテを記載するインクに「生田オレンジ」（第11集）を使用していた。このように開発者が予想しなかった用途と顧客が生まれていた。開発者は，店舗での顧客との会話や，ソーシャルメディアへのコメントから知ることになる。色の開発は，開発者が計画的に行ったわけではない。「今この色ほしいけどないな」と思う色を順番に作っていったらこうなったのです[7)]」とあるように第７集までは自身の中で次に開発すべき色が浮かび上がってきた。しかしそれ以降は，地域を何度も訪問し，地域の人々と連携しながらその地域の色を生み出す開発方式が加わる。きっかけとなったのが「有馬アンバー」（第８集）である。「有馬アンバー」は有馬温泉の旅館経営者である

図表15-1　Kobe INK物語の発売年別色数と累計色数

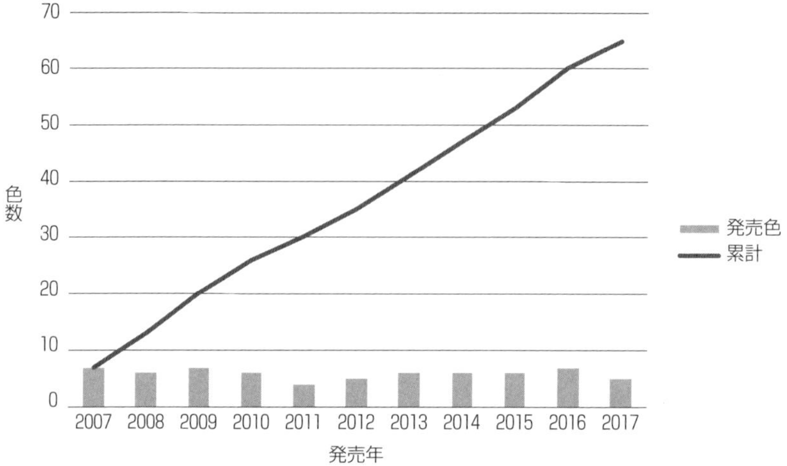

出所：インタビューと資料をもとに筆者作成

金井啓修氏[8]と意見を交わしながら，有馬温泉の特徴である「金泉」の色を手がかりにインク色を開発した。「有馬アンバー」の開発を通じて，開発者は「地元の人と一緒に作ったら，すごく喜んでもらえる[9]」ことに気づく。この気づきが新たな開発の領域を見出すことにつながる。

(5)　予期せぬ依頼と美術作品との連携

2012年9月29日から翌年の1月6日まで，神戸市立美術館の開館30周年特別展として「マウリッツハイス美術館展―オランダ・フランドル絵画の至宝―」が開催された。フェルメールの世界的に有名な作品の1つである「真珠の耳飾りの少女」はじめ48点が特別展示された。開催日から遡ること4ヵ月前，主催者の担当から「真珠の耳飾りの少女」の青いターバンの色をKobe INK物語として実現できないかと依頼があった。Kobe INK物語がメディアで多く採りあげられ，神戸から近畿，日本全国そして海外までその存在が知られ，担当者の目に留まることになった。「真珠の耳飾りの少女」のターバンの青色には，宝石のラピスラズリを原料とする通常の100倍の高価な絵の具が使用されている。開発者は資料をもとに試作を繰り返しKobe INK物語「フェルメール・ブルー」

フェルメール・ブルー

出所：ナガサワ文具センター

を開発した。このインクは神戸市立美術館の特別展が開催期間中，神戸市立美術館とナガサワ本店で限定販売された。その後も，神戸市で開催される美術展と連係した特別色，合計９色（2018年８月時点）が生まれている。美術展との連係は，神戸の美術館への来場者の拡大，インクの新たな使用者を生み出すことにつながった。

(6) 開発ストーリーを体験するサービスへの展開

2015年頃から開発者は人気ブロガー，大学などからの求めに応じてKobe INK物語の開発経緯をテーマに講演を行っていた。この講演の人気が広く伝わることになり，2016年からは神戸市との連携がスタートする。神戸市が力を入れるファン開発，観光来場者の促進施策と連動し，神戸市が多くの人々に神戸の魅力を深く知ってもらうために企画したのが「おとな旅神戸」と「神戸べっぴんスタイル」である。「おとな旅神戸」は，数多くの神戸の名所を知り尽くした人々と一緒に時間を過ごし名所の魅力を体験するツアーである。その中の１つとしてKobe INK物語が選ばれた。参加者は北野，塩屋・舞子などインク開発のモデルとなった地区を訪れ，開発者からKobe INK物語の誕生の経緯，そして各インクの開発ストーリーの説明を受ける。すべての製品にストーリーがあるからこそ可能な体験ツアーである。

(7) Kobe INK物語 「銀座ゴールドセピア」

2017年２月19日，東京銀座のG. Itoya（銀座・伊東屋[10)]，以下，伊東屋）でKobe INK物語全色の販売が開始された。ナガサワ店舗以外の全色販売と同時に東京での販売は初めてだった。同年９月10日，東京銀座の地域限定色「銀座ゴールドセピア」が，銀座伊東屋本店限定で発売された。きっかけは伊東屋からの提案であり，開発者としては予期せぬことだった。しかし当初は受けるべきか迷いがあった。理由は神戸のことは日常生活の中で知り尽くしてはいるが，銀座には銀座を知り尽くしている人々が多くいる。名称もKobe INK物語ではつながらない。考え抜いた末に「『Kobe INK物語の眼』で感じたままの銀座色をINKにて表現[11)]」する。つまりKobe INK物語の枠組みのなかで銀座を捉え取り組むこととした。Kobe INK物語の開発と同じように，地図を片手に銀座の街を歩き回る中で出会ったのが1932年の建築の奥野ビルである。この建物の外壁の色をインク色とすべく試作を繰り返し「銀座ゴールドセピア」は完成した。そして，パッケージの下地には伊東屋創業時の店舗写真，そしてその上にKobe INK物語のロゴが表示されている。

3　考察と結論

衰退市場であるインク製品の市場創造のプロセスを確認してきた。ここでは衰退市場における市場創造の手がかりを得るための要件について確認する。

(1) 「創造的循環」

Kobe INK物語のマーケティング展開は当初に明確な計画が存在していたわけではなかった。当初は３色だけ開発し終了の予定だった。また綿密な消費者調査によって市場が見出されたわけではなかった。きっかけは神戸を代表する「色」をインク色として開発し，そのインクで震災復興への支援のお礼状を書きたいという，自身が望む「体験」を実現するためであった。自身の体験を自身がデザインし自身が実行したのである[12)]。最初の３色だけは開発者独自の開発と言える。その後の80色近い色は，顧客が生み出した用途や要望を取り込み，それらを手がかりに次に採るべき行動を生み出していった。計画的ではなく場当たり的行動と評価されそうな行動も，「市場との対話」という枠組みを与えると「創造的適用[13)]」へと評価も変わる。Howard［1957］の指摘は市場変化に対する創造的な行動の位置づけだが，本事例は市場と開発者との「創造の循環」を生み出しているところに違いがある。つまり開発者の行動によって創造された市場反応に対して，さらに創造的な行動を組み合わせることによって，次の市場が創造される循環をつくる。このようなサイクルの中で小さな市場が連続的に生み出されたのである。

(2)「対話」と「インサイト」

「創造的循環」を生み出すために不可欠なのが対話である。Kobe INK物語の展開では，①開発者の中での対話，②顧客の中での対話，③開発者と顧客，そして④顧客間の対話が確認される。この対話の中で生まれるのが「インサイト」である。人にはそもそも未来を見通す能力が備わっており，誰もが目にする断片的な情報から意味のある全体像を見通すことができる場合がある。インサイトは人が生み出した未来への見通しであり，意味のある全体像である。それらは偶然と必然の重なり合いの上に成り立っている現実である。そして開発者，顧客のインサイトはその偶然の１つである（石井［2009］）。

Kobe INK物語では，開発者が多様なインサイトを対話によって獲得し，そのインサイトを次の開発の手がかりとする。そしてその手がかりが地域と色との対話に活かされ，そこから生まれたインク色がさらに多様な対話を生み出すことを通じて，多様なインサイトと多様な対話が次の開発への手がかりを与える。このような「創造的循環」が生み出されたのである。

(3)「実験的行動」

しかし対話がいきなり生まれることはない。また何もせずに対話が長期間継続することもない。そのために必要なのが市場への働きかけである。小さな規模で継続的に変化をつくることが顧客，開発者にインサイトを，そして対話を生み出す。ここでは実際に行動して現実化する行動を「実験的行動[14)]」と呼ぶ。インサイトと対話の促進には開発者が顧客と直接的，間接的に対話する仕組みを準備するとともに，継続的な「実験的行動」が必要なのである。

既存市場のように過去の知識が活かされる場合は，計画や調査も有効である。しかし未知の領域で経験が活きない分野では，「実験」を繰り返すことによって，誰よりも早く誰も得たことがない情報を獲得できるのである。Kobe INK物語の開発者は常に，自身の開発した製品の反応を売場に立ち直接顧客の声を聞き，ソーシャルメディアのコメントを丹念に確認する中から，次の展開を生み出す。このように，「実験的行動」に対する市場反応を素早く獲得することによって次の顧客やニーズの獲得につなげるのである。

本章では，Kobe INK物語をデザイン思考型マーケティングと位置づけ，創造的循環の実現を支える，対話とインサイトそして実験的行動との関係を示した。そして未知の市場を拓くデザイン思考型マーケティングには，「創造的循環」，「対話」と「インサイト」そして「実験的行動」の３つが存在することを明らかにした。

4　最後に提言：市場創造に向けたデザイン思考の活用

結びとして，Kobe INK物語から学ぶ衰退市場製品の市場創造の可能性について，デザイン思考の観点からまとめておこう。第１に開発する対象を製品ではなく「経験」に設定することである。第２に「創造的循環」を創り上げることである。さらに創造的循環には開発者と顧客の相互のインサイトが重要である。第３にインサイトが生まれるためには「対話」が重要である。開発者の中での対話，顧客の中での対話，そして開発者と顧客，そして顧客間の対話が「創造的循環」の動力になるのである。第４に対話の促進には開発者が顧客と直接的，間接的に対話する仕組みを準備するとともに，継続的な「実験的行動」が必要となる。

（廣田　章光）

注

1）　本研究は，平成30年度　科学研究費助成金（挑戦的萌芽研究「デザイン・ドリブン型開発におけるプロトタイピングと価値創造に関する研究」（課題番号　16K13392）の成果の一部である。
2）　本研究にあたりナガサワ文具センター商品開発室長　竹内直行氏には２回の公開対談，５回のインタビューそして１回の講演聴講をお願いした。この場を借りてお礼申し上げます。
3）　スタンフォード大学，IDEOが開発している不透明な状況における市場創造実現のための実践的思考法。IBM，SAP，ヤフーなどが採用し成果を上げている。
4）　Brown［2009］，Kelly and Kelly［2013］，廣田［2017］などを参照。
5）　Kobe INK物語は神戸における「物語」が各インク色に存在する設定のため，個々の色の連番を「第●集」と表現する。
6）　万年筆の国内生産量は2014年，約400万本。前年に比べて20％ほど増加している（経済産業省　平成26年工業統計表「品目編」データ）。輸入数量は2014年で約16万本（貿易統計）。シャープペンシルの国内生産量は2014年，約１億9,000万本。
7）　開発者インタビュー。
8）　有馬温泉観光協会長（2018年２月現在）。
9）　開発者インタビュー。
10）　1904年創業のわが国の代表的文具小売店。
11）　開発者のFacebook　2017年８月20日の投稿。
12）　インタビュー並びに，開発者のKobe INK物語の「六甲グリーン」の開発に関する記述。http://kobe-nagasawa.co.jp/original/kobeink/ink_01/（2018年８月12日時点）
（前略）「三宮」はいつでも，美しい自然の宝庫「六甲」の山並みが眺められる恵まれた環境下に位置しています。仕事で疲れた時，この山に癒され常に「心の栄養剤」として活用させていただきました。「そんな六甲の深い森の色をいつも愛用の万年筆に忍ばせ，いざという時にさり気なく使えないものか」と考えたことが「Kobe INK物語」の始まりでした。そして試行錯誤を繰り返し，ようやく納得のカラーが出来上がり，2007年に第一集の「六甲グリーン」として発表させていただきました。（後略）
13）　Howard［1957］.
14）　Dyer, J., H.Gregersen, and Christensen［2011］.

引用・参考文献

石井淳蔵［2009］『ビジネス・インサイト―創造の知とは何か』岩波新書。
石井淳蔵［2014］『マーケティングを学ぶ』ちくま新書。
石井淳蔵・廣田章光・坂田隆文編著［2016］『１からのマーケティング・デザイン』碩学舎。
高岡浩三，フィリップ・コトラー［2016］『マーケティングのすゝめ』中公新書ラクレ。
廣田章光［2017］「ニーズとソリューションの同時性と対話のトライアングル―ユーザー・イノベーションによる踏み間違い動作を解消する自動車ペダル『ナルセペダル』の開発」『マーケティング・ジャーナル』第36巻第４号，６-23頁。

Clark, Kim B, and Takhiro Fujimot［1991］*Product Development Performance: Strategy, Organization, and Management in the World Auto Industry,* Harvard Business School Press.（田村明比古訳［2009］［増補版］『製品開発力―自動車産業の「組織能力」と「競争力」の研究』ダイヤモンド社）

Dyer, Jeff, Hal Gregersen, and Clayton M. Christensen［2011］*The Innovator's DNA: Mastering the Five Skills of Disruptive Innovators,* Harvard Business School Press.（櫻井祐子訳［2012］『イノベーションのDNA』翔泳社）

Kelley, Tom and David Kelley［2013］*Creative Confidence: Unleashing the Creative Potential Within Us All,* Crown Business.

Hirota, Akimitsu, Masaaki Takemura, and Manabu Mizuno［2017］, "Design Prototyping: Reducing the uncertainty in 'fuzzy front end' stage of product development", ISPIM innovation forum 2017.

Howard, John A.［1957］*Marketing management: Analysis and decision,* R. D. Irwin.（田島義博訳［1960］『経営者のためのマーケティングマネジメント―その分析と決定』建帛社）

Lester, R. K. and M. Piore［2004］*Innovation: The Missing dimension,* Harvard University Press.（依田直也訳［2006］『イノベーション』生産性出版）

Luchs, Michael G., Scott Swan, and Abbie Griffin［2015］*Design Thinking: New Product Development Essentials from the PDMA,* 1 *st Edition,* Wiley-Blackwell.

第16章

現代ジーンズに求められるブランド価値とは何か
―京都デニムの伝統と革新の観点から―[1]

1 はじめに：ジーンズ×伝統工芸

ジーンズは現在では機能的なもの，ファッショナブルなデザインを意識したもの，カジュアル・ブランドからモード系のブランドなど，さまざまな価値が考案され，流通している。日本においても，岡山県倉敷市児島ジーンズ発の個性的なブランド群が存在し，海外有名ブランドのOEM（相手先ブランド）生産をしている企業も少なくない。一方で，唯一京都で新たなニッチ市場の創造に向けて，和の伝統的技術や材料に着目し，京都発のジーンズを製造している京都デニムが異彩を放っている。本章ではそうしたジーンズ×京都伝統工芸の乗算から見えてくる新たなブランド価値について，探究することになる。

2 京都デニムのブランド価値

(1) 京都デニムの沿革[2]

京都デニムはホームページによれば江戸時代中期から続く着物染色の老舗で主に白生地の製造をしてきた歴史があり，その後は白生地に染色加工と京友禅を結びつけることで，新たな価値を創造し，昭和の時代には「京友禅に和紙で刺繍する竹屋町刺繍」を施すことで着物業界での桑山商店としての存在価値を発揮してきたのである。現在の企業形態である法人としては平成16（2004）年３月に設立されている。

⑵　京都デニムの特長[3)]

京都デニムはデザイナー桑山豊章氏のもつ類い稀な資質，伝統工芸的なこれまで培われてきた着物の存在価値を生かしつつも，現代の生地＝デニムに対して新しい技術を取り込むことで，まったく新しいジーンズの世界を創造しているところに，その特長が表れている。

京都デニムのブランドの特長として，関連する伝統工芸に関わる技術については次の３点が挙げられる。

①京組み紐（手作業で一本の糸から紐に，武具の飾り・羽織の紐・髪飾り等）

②京小紋染め（多色染め，具象柄の多さ，華やかな印象）

③京友禅染め（本物の染料を使用➡一筆一筆色を生地に入れる）

京都デニムは丁寧に彫られた型紙を生地の上に置き，その上に抜染のりを筆で置き，柄の出来具合を確認後，型を外し，抜染のりを洗い流し，中和液に浸け，その後も繰り返し洗うことで，独特の世界観を創造しているのである。

つまり，わかりやすくいえば，デニム生地の藍染の藍のみの色を抜く作業を抜染といい，その藍色が抜かれた白い生地の部分に京小紋染や京友禅染を施すことで，そのブランドの価値を高めているということになる。

また，京都デニムの製品品質の土台となる生地，ジッパー，ボタン・リベットについても，そのデザインやシルエットに耐えうるような，映えうるような，デザイナー桑山の哲学や思想が随所に顕現するための，例えればジーンズという１つの機械装置を織りなす，本体および歯車や部品として実装されている。

まず，生地としてはこれまで利用されたもの，あるいは現在も使用されているものを挙げると下記のようになっている。

①世界最高級の平織デニム（経糸と緯糸を交互に織る）

②量産ではないセルビッチデニム（旧式シャトル織機で織る）

③マダガスカルコットンデニム（長繊維，絹のような繊細な色柄表現）

図表16-1　京都デニムのメンズ・ブランド一覧

種類		シルエット	特長	価格（＋消費税）円	サイズ	備考
メンズ	陣	ストレート	旧織機で織られたセルビッチデニム	22,000円	26/28/30/32/34/36	
	忍	ストレート 陣よりすっきり細身	伝統工芸の京組み紐を使用	53,000円	28/30/32/34/36/38	
	大鎧	きれい目のストレート	両サイドに甲冑をイメージしたデザイン	47,000円	28/30/32/34/36/38	本数限定で限定生産モデル有
	雷光	テーパード	稲妻型のブルーステッチがポップな印象	38,000円	28/30/32/34	
	斬	墨染め，茶染め，紫染め（受注生産） テーパード		59,000円 51,000円		新作

出所：京都デニムHPをもとに筆者作成

④マダガスカルコットンデニム（ストレッチ）（③の特長にストレッチ）

⑤ハイパーストレッチデニム（伸縮性に優れる）

次に，ジッパーとしては一般的なジーンズのジッパーはその強度が３YG,に対して，京都デニムは５YGということで，非常に強靭なものを採用していることからも，デザイナーのジーンズに対する想いが伝わってくる。

そして，ボタンには日本を代表する桜の花があしらわれており，それに加え，生地に強度を加える役割を果たしているのがリベットである。ポケットの枠部分などに取り付けられており，ボタンと同様のデザインがなされている。これは表のバーと呼ばれる部分と，それにリベットと呼ばれる鋲を通して締め付けて反対側を丸い形状につぶすことで，生地をより強固にしている。

京都デニムの2018年２月17日現在の主要メンズ・ブランドのラインアップは図表16-1のとおりとなっている。

3 ブランド価値の本質

(1) ブランド価値を巡る議論

ブランド価値を巡る議論については和田［2002］，Lacan［1976, 2016］，青木幸弘［2011］，青木貞茂［2003］，平山［2007］らの研究があるが，それらは製品価値の部分とブランド価値の部分の境界線に焦点を当てるものとなっている[4)]。

和田の考えるブランド価値は基本価値や便宜価値という製品価値を含まず，付加価値となる感覚価値と象徴価値の部分がそれに当たるという考え方である。

一方，青木貞茂はラカンの自我モデルを受けて，ブランド価値の構造を「現実界＝物理的機能価値，想像界＝情緒的価値，象徴界＝精神的価値[5)]」が連鎖することで，1つの意味のあるブランドとして確立することを主張している。

(2) 京都デニムのブランド価値

京都デニムにおけるブランド価値の本質を見てみることにする。その一番の根底にはデザイナー桑山豊章の考えるブランド・コンセプトがあり，4つの柱（本質）とキーワードに裏打ちされている。それは，以下のように表現されている。

【4つの柱（本質）】		【キーワード】
(1)　日本の伝統の継承	➡	①京都の本物の染めの継承
		②着物の技術を継承
(2)　美しいシルエットを作り出す	➡	③人間工学に基づく瞳を奪う確かなシルエット
		④変わりゆく生活スタイルに合った美しいパターン
(3)　和のデザイン	➡	⑤芸術的感性を細部のディテールまで作り出す

⑥妥協を許さない高い日本の意匠

⑷　真の穿きごこち　➡⑦ジーンズの真のフォルムに合った綿や素材の開発

これらの4つの柱（本質）とキーワードをブランド価値の本質に，先の和田や青木貞茂，ラカンの考える価値に置き換えてみることにする。

基本価値・便宜価値／物理的機能価値

…ジーンズの特長を備えているということ，デニム生地であること

感覚価値…⑵　美しいシルエットを作り出す

⑶　和のデザイン　⑷　真の穿きごこち

観念価値…⑴　日本の伝統の継承

図表16-2　京都デニムに見る価値の本質の可視化

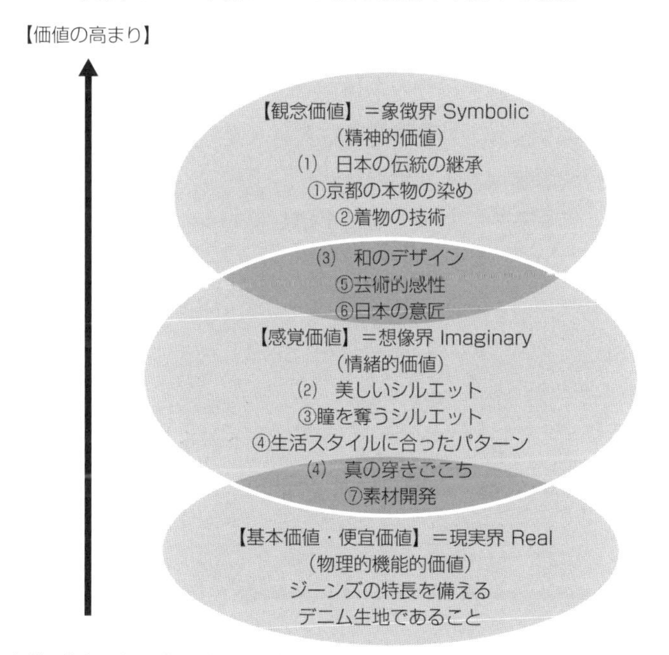

出所：筆者が和田［2002］，青木貞茂［2003］，Lacan［1976］をもとに筆者作成

こうした価値を，和田およびラカン流に３つの結び目の輪を意識したものとして図表16-２に示すことにする。

⑶　ブランド価値の本質

図表16-３は筆者の考えるブランド価値の本質である。縦軸に価値浸透度，横軸に時間の深まりを置いている。ここでは根底にはそのブランドがもつアイデンティティを明確に語る「ブランド・コンセプト」があり，また，それを体現する「伝統技術と新技術の融合」により「製品品質」として顕現することになる。

そして，こうして出来上がったブランドの根本部分に加え，それらが次第に浸透していくことで，その価値が次第に消費者に認識され，評価されていく過程で，価値が伝播されていくことになる（「価値伝播力」）。この価値がある人にとっては伝わらなくても，他の受容能力のある消費者に伝播されることで，新たなステージが浮かび上がってくることになる。

このような価値の浸透が進み，その価値は点から点，点から線，線から線へと繋がっていき，その後，線から面，面から面へとその価値を認識・評価する消費者の増大とともに確実にその面積が増大しながら，そのことは同時に「ブランド流通力」として売上高や取扱量に顕現し可視化され，それらが今度は複層構造化していく過程で，より強固なブランド価値の塊として効果と効用を発揮していくことになる。これらの段階を示しているのが，図表16-４である。

図表16-３　ブランド価値の本質

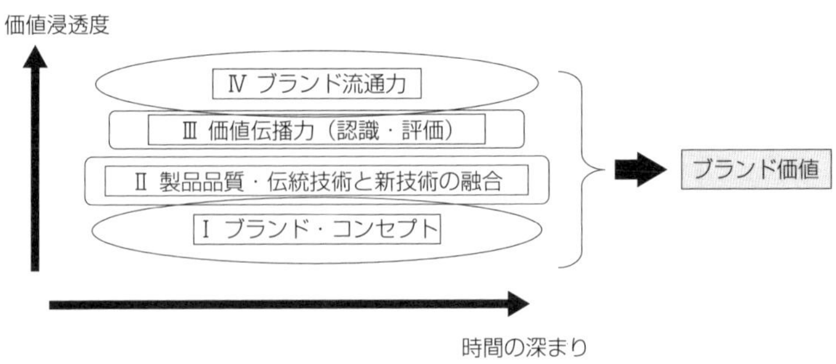

出所：筆者作成

図表16-4　面の顕現によるブランド価値（Value）の複層構造化過程

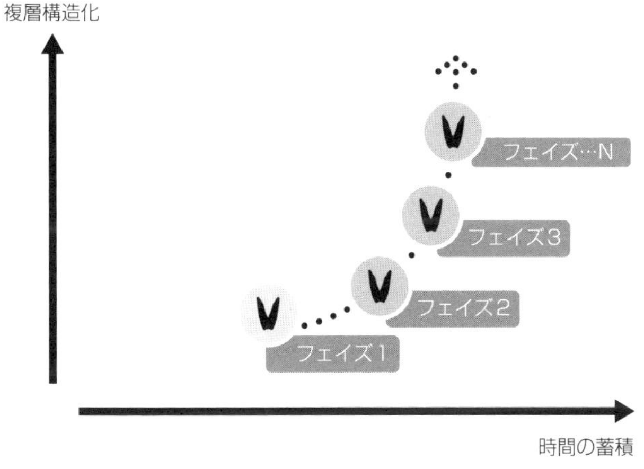

出所：筆者が平山［2007］をもとに筆者作成

つまり，この一連の流れをあらわしたのがこの図表であり，縦軸に複層構造化を，横軸に時間の蓄積を置いている。まず，価値が浸透する過程で，フェイズ1とする価値が顕現し，また関連する場が面としてつながりフェイズ2となり，そして新たな面が誕生することでフェイズ3として複層構造化していき，それが…N通りというかたちで構成されていくことになることを意味している。

4　最後に提言：新たなジーンズの地平線へ向けて

これまで見てきた京都デニムのもつブランド価値の本質を構成する関係性を図示したものが図表16-5である。

京都デニムのマーケティングとしては，顧客維持のための戦略として，情報発信の強化による価値の伝播と，価格のプライス・ダウンをしたり，バーゲンセールをおこなわない，サイズの手直しとリペアサービスの導入に見るブランド価値維持へ向けた強い想い，そこにはものづくりに関わるすべての人たちの蓄積された価値を決してないがしろにしない，そのブランドのもつブランド価値が根底に流れている。

図表16-5　京都デニムのブランド価値伝播

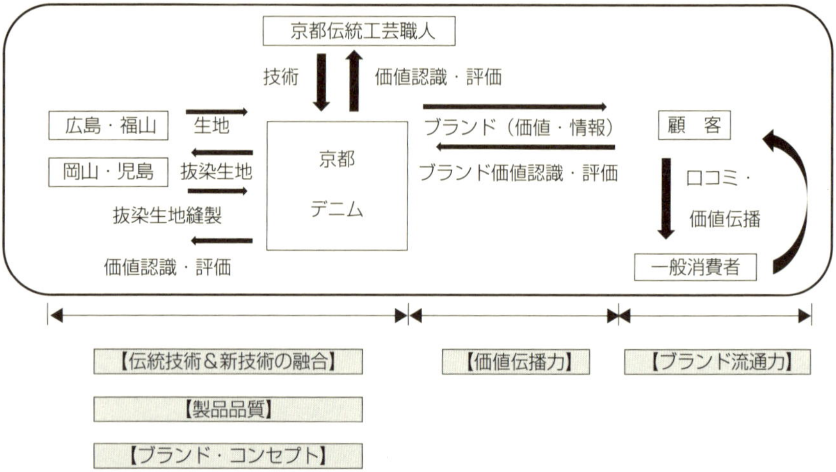

出所：筆者作成

京都デニムのもつブランド価値の本質はその伝統の承継とコンセプトの刷新および技術の革新にある。日本の長い伝統文化の拠り所となる京都。ここで育まれた雅やかな着物の世界。戦後日本人の洋装化が進み，それまでの日本人の和のスタイルから洋のスタイルへのパラダイムシフトにより，一般的には「ハレの日」の婚礼・入学式・卒業式・成人式・お祝い・行事・習い事等の席に，またお葬式・法事等での着物着用に限定化され，通常では我々日本人にとっても普段見ることがなくなって久しいと言える。

しかしながら，京都デニムはまさしくそうした京都で培われた京友禅や京組み紐，京小紋等の伝統工芸の技術をジーンズ生地に織り込みつつ，併せて現代世界に合致させたデザイン力あふれるジーンズの新しい境地を切り拓き，岡山県児島や広島県福山のもつ，潜在的な生地生産力や縫製力などのちからを引き出すことでコラボレーションを達成し，新たな技術と伝統的技術を統合・融合した意欲あふれるジーンズ＝アーティスティックな作品となっていると言える。

ここに低価格・大量生産型ジーンズや高品質・大量生産型ジーンズのような世界観とは異なる，少量生産・高品質・伝統工芸的価値・高価格（この価格にならざるを得ない適正価格）のブランドが流通することで，新たなジーンズ世界の地平線を開拓していると考えるべきであろう。

（平山　弘）

注

1）　本研究はJSPS科研費JP16K03966の助成を受けたものです。また，インタビュー調査・店舗取材に応じていただきました京都デニム（有限会社豊明）CEO兼デザイナー桑山豊章氏，取締役兼店長宮本和友氏に心から感謝申し上げます。また，阪南大学社会連携課「平成29年度産官学連携活動」の支援の一環として流通学部平山弘ゼミ３年生とともに６月29日に京都デニム協力工場の１つである「手捺染工場」で京友禅の染色体験を行わせていただきました。併せて関係のみなさま方に衷心から御礼申し上げます。
2）　京都デニムホームページ https://kyoto-denim.jp/（2017年６月29日閲覧）。
3）　京都デニムホームページ https://kyoto-denim.jp/，およびYKKファスニングプロダクツ販売㈱ホームページhttps://www.ykkfastening.com/japan/，YKKスナップファスナー㈱ホームページ http://www.ykksnap.co.jp/index.html を参照し，筆者がその特長的なポイントをまとめている（2017年６月29日閲覧）。
4）　平山［2007］51-52頁を参照のこと。
5）　青木貞茂［2003］226-228頁を参照のこと。

引用・参考文献

青木貞茂［2003］「第10章　ブランド広告の理論」津金澤聡廣・佐藤卓己編『広報・広告・プロパガンダ』ミネルヴァ書房。
青木幸弘・小川孔輔・亀井昭宏編［1997］『最新ブランド・マネジメント体系』日経広告研究所。
青木幸弘・岸志津江・田中洋編著［2000］『ブランド構築と広告戦略』日経広告研究所。
青木幸弘［2011］「ブランド研究における近年の展開―価値と関係性の問題を中心に」関西学院大学商学研究科『商学論究』第58巻第４号。
岡本慶一［2004］「第８章　ブランドと経験価値」青木幸弘・恩蔵直人編『製品・ブランド戦略』有斐閣アルマ。
小林敏男［2014］『事業創成―イノベーション戦略の彼岸』有斐閣。
塩次喜代明・高橋伸夫・小林敏男［1999］『経営管理』有斐閣アルマ。
パイン，B.J. & J.H. ギルモア，岡本慶一・小高尚子訳『［新訳］経験経済』ダイヤモンド社。
平山 弘［2007］『ブランド価値の創造―情報価値と経験価値の観点から』晃洋書房。
平山 弘［2012］「第９章　地域資源ブランドの価値創造と崩壊からみえてくるもの」田中道雄・白石善章・濱田恵三編著『地域ブランド論』同文舘出版。
平山 弘［2016］『ブランド価値創造戦略に求められるもの―目に見えるものを通して

目に見えない何かを捉える』晃洋書房。

平山 弘［2016］「第３章　中小企業のグローバル・マーケティング」田中道雄・白石善章・南方建明・廣田章光編『中小企業マーケティングの構図』同文舘出版。

ギルモア，J.H. & B.J. パイン［2009］，林正訳『ほんもの 何が企業の「一流」と「二流」を決定的に分けるのか？』東洋経済新報社。

和田充夫［2002］『ブランド価値共創』同文舘出版。

Lacan, J.［1976］"*Le Sinthome,*" séminaire du 18/11/1975, Ornicar?

Lacan, J.［2016］"*The Sinthome: The Seminar of Jacques Lacan,*" Book XXIII, Polity.

Schmitt, B. H.［1999］*Experiential Marketing,* The Free Press.（嶋村和恵・広瀬盛一訳［2000］『経験価値マーケティング』ダイヤモンド社）

Sherry, J. F. Jr.［2005］"Brand Meaning," *Kellogg on Branding,* John Wiley & Sons.

京都デニムホームページ　https://kyoto-denim.jp/

YKKファスニングプロダクツ販売㈱ホームページ　https://www.ykkfastening.com/japan/

YKKスナップファスナー㈱ホームページ　http://www.ykksnap.co.jp/index.html

第17章

レッドブルのブランド・パーソナリティ

1 はじめに：ブランド・パーソナリティ構築への新たなアプローチ

レッドブルは世界的に知られているエナジードリンクのパイオニアであり，日本でも発売以来，若者を中心に好調に販売を伸ばしてきた。

発売当初，レッドブル社の創業者であるデートリッヒ・マテシッツ氏が“レッドブルのための市場は存在しない。我々がこれから創造するのだ”と語ったと言われているとおり，エナジードリンク市場というものは存在していなかった。

製品自体が新たなタイプのものであったばかりでなく，レッドブルはそのマーケティング方法においてもスポーツ，とくにエクストリームスポーツ[1)]を用いるなど，従来には見られなかった手法を用いて成功を収めてきた。

本章では，そのようなレッドブルのマーケティングの中から生まれたブランド，とくにブランド・パーソナリティに焦点を当て，議論を進めてゆきたい。

2　ブランド・パーソナリティ

議論を進めるにあたって，まずはブランド・パーソナリティそのものについて確認をしておこう。アーカー（Aaker, D. A. [1996]）は，ブランド・パーソナリティをブランド・アイデンティティを構成する要素の1つとして位置付けている（図表17-1）。

アーカーはブランド・パーソナリティを「ある所与のブランドから連想される人間的特性の集合」と定義している。年齢や性別などの人口動態特性，関心や意見といったライフスタイル特性，外交的，協調性があるなどのパーソナリティを表す特性など，人間性を表すものと同じ言葉を用いて表現することができるという。文字通り，ブランドのパーソナリティであると言える。

ブランド・パーソナリティは，第1に顧客が自らのパーソナリティを表現する手段となる，第2に顧客とブランドとの関係の基礎となる，第3に機能的便益に貢献するという特質によって，ブランドの重要な部分を占めていると考えられる。

ブランド・パーソナリティを形成する要因は，図表17－2によって整理されている。

後に詳しく述べるように，レッドブルというブランドにおいてブランド・パーソナリティが果たしている役割は大きい。節を改め，レッドブルのブランド・パーソナリティについて議論を進めてゆくことにしよう。

3　レッドブルのブランド・パーソナリティ

前節ではブランド・パーソナリティについて確認をしたが，図表17－2で示したとおり，アーカーは全部で13のブランド・パーソナリティを形成する要因を示している。本節ではそれらの中から，レッドブルのブランド・パーソナリティに強く影響を与えていると考えられるものについて簡単に振り返ったうえで議論を進めてゆく。

図表17-1　ブランド・アイデンティティ計画モデル

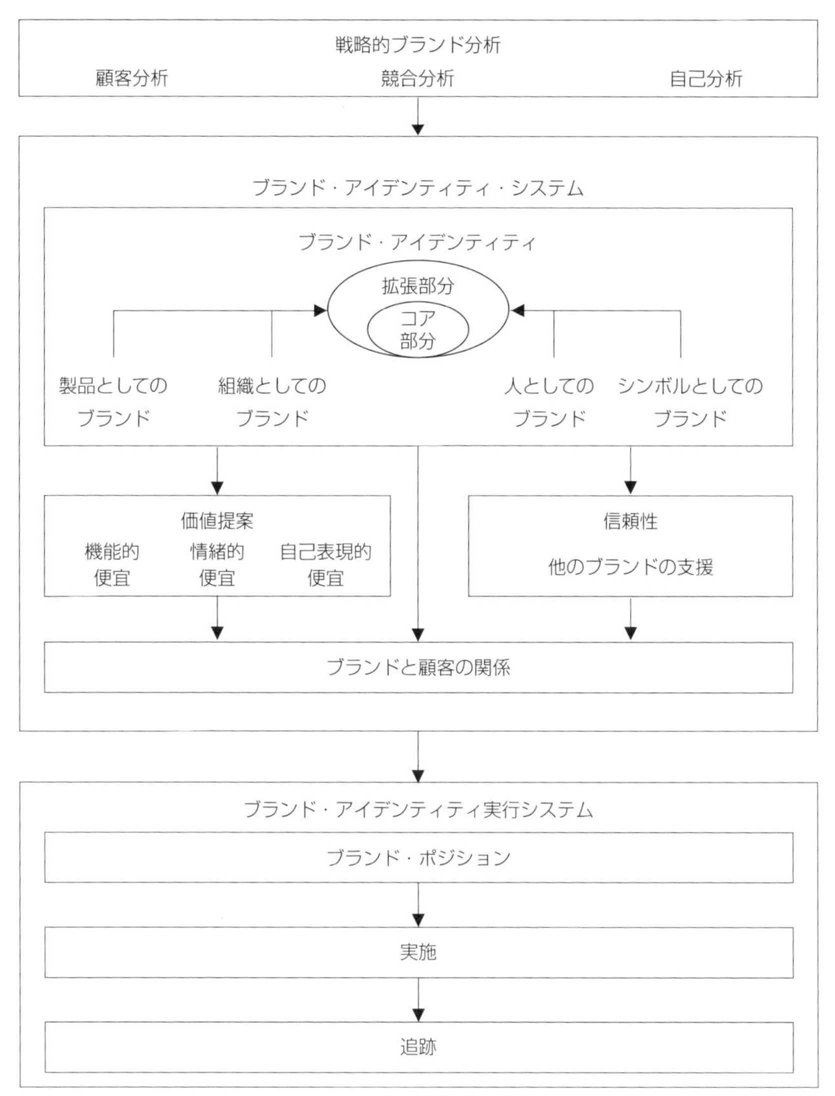

出所：アーカー［1997］98頁，図表3-3をもとに筆者作成

図表17-2　ブランド・パーソナリティを形成する要因

製品関連特性	製品非関連特性
製品カテゴリー パッケージ 価格 製品属性	ユーザー・イメージ スポンサー活動 シンボル ブランドの年齢 広告スタイル 原産国 企業イメージ 最高経営責任者 エンドーサー機能を有する有名人

出所：アーカー［1997］187頁，図表5-3をもとに筆者作成

(1)　製品関連特性

①　製品カテゴリーと製品属性

製品カテゴリーはブランド・パーソナリティを形成する大きな要因である。言わずもがなレッドブルはエナジードリンクであるが，「消費者はコピーではなく，オリジナルを求めているのです」（Fürweger［2012］邦訳81頁）というマテシッツ氏の言葉からもわかるとおり，発売当初は新しいタイプの製品であった。

しかし，多くの追随製品が登場したこともあり，エナジードリンクは飲むと元気になる，眠気が覚める，集中力が高まる2）飲料として，現在では１つのカテゴリーとして確立している。

また，上記のエナジードリンクの属性に対する認識は，たとえばレッドブルの“翼をさずける”というコピーや成分3）に根拠を求めることができそうである。

②　パッケージ

レッドブルのパッケージは，マークやネームの部分以外はブルーとシルバーの２色でシンプルに構成されている。特徴的なのはブルーである。

ブルーは一方では「マリッジブルー，マタニティブルーという言葉があるように，憂鬱さを表す色」であるが，他方では「果てしない自由を表し，その自由は，主に精神的な面を表す」色である（佐々木［2014］48頁）という。

予測の域を出ないが，この後者のイメージがレッドブルのブランド・パーソナリティ形成の一因となっていることが推察される。

③　価格

レッドブルは，185mlのものが190円，250mlのものが241円で販売されている[4]。同容量の一般的なソフトドリンクが130円で販売されていることを考えると高価であるが，高価である点がレッドブルの効果が確かであることを消費者に意識づける役割を担ってきたと考えられる。

以上のことから，製品関連特性については，元気，自由といったブランド・パーソナリティを，成分や色といった直接的に訴えかけることが可能な要因で形成しようとしていることが見て取れる。

(2)　製品非関連特性[5]

①　ユーザー・イメージ

ユーザー・イメージは典型的な使用者と理想的使用者のいずれかに基づくものであり，ブランド・パーソナリティを形成する強力な要因である。「F１界のスターだったゲルハルト・ベルガーがレッドブルを手に持ってパドックを歩いている姿を写真に撮るために，マテシッツはそれなりの対価を支払う必要があった」（Fürweger［2012］邦訳31頁）というように，レッドブルは当初からこの要因を重視していた。

また，後述するレッドブルがスポンサーを行う大会に出場しているアスリートたちが理想的使用者として大きな役割を果たしてきたと考えられる。

②　スポンサー活動

レッドブルは多くのスポーツイベントのスポンサー活動を行っている。「レッドブルは年間総売上の三分の一をマーケティングに，そのうち三分の一をスポーツに投入している」（Fürweger［2012］邦訳94-95頁）というように，スポーツというものを非常に重視している。

また，「なんらかのイベントに関与する場合には，必ずレッドブルの名のもとにメインスポンサーとして参加する」(Fürweger［2012］邦訳87頁）こと，主にエクストリームスポーツのスポンサー活動を行っていることがレッドブルの特徴である。

この活動がブランドにおいて中心的な役割を果たしてきた。Red Bull X-Fighters や Red Bull Cliff Diving がその代表的なものである。

Red Bull X-Fightersはフリーモトクロスの大会である。モトクロスでトップでゴールした選手は，ゴールにあるジャンプ台でバイクを倒すといった技（トリックと呼ばれる）を決めながらゴールラインを通過する。このトリックの部分だけを競技にしたものがフリーモトクロスである。

Red Bull X-Fightersでは制限時間内に行うトリックの完成度で順位を争う。ジャンプ中にシートの上で体を伸ばす“スーパーマン”，バイクを水平方向に360度回転させる“スリーシックスティ”，垂直方向にバイクを１回転させる“バックフリップ”などが主なトリックである。

Red Bull Cliff Divingは，一言で言ってしまえば飛込競技である。しかし，オリンピックなどでみられる飛込競技とは全く異質なものである。

会場はプールではなく自然の海や川などであり，自然の断崖に設置された飛び込み台から海や川に向けて飛び込む。その高さも通常の高飛び込み（10m）よりはるかに高く，最高でビルの８階に相当する27～28mにもなる。入水時の

Red Bull X-Fighters

出所：Predrag Vuckovic/Red Bull Content Pool

Red Bull Cliff Diving

出所：Romina Amato/Red Bull Content Pool

速度は時速85km，体に加わる衝撃は通常の競技の10倍にもなるという。

これら以外にも，単座席のプロペラ機でコースを飛行するタイムを競うRed Bull Air Race，特設コース上でドリフトを競うRed Bull Drift Shifters，アイスホッケー用のスケート靴で氷のコースを滑り下りて順位を競うRed Bull Crashed Iceなど，レッドブルは数多くのエクストリームスポーツのイベントを主催している。

③　エンドーサー機能をもつ有名人

この要素も欠くことのできない視点である。レッドブルはスノーボードのショーン・ホワイト，サーフィンのロビー・ナッシュ，F1のセバスチャン・ベッテルなど，多くのトップアスリートをサポートしてきた。こういったアスリートたちがエンドーサーとして大きな役割を担ってきたと考えられる。

以上のように，非製品関連特性に注目した場合，エクストリームスポーツやそのアスリートたちがもたらすイメージをレッドブルに重ねるという手法でブランド・パーソナリティが形成されてきたと考えられる。

4 消費者の認識するレッドブルのブランド・パーソナリティ

前節ではブランド・パーソナリティを形成する要因について議論した。では，実際に消費者はレッドブルにどのようなパーソナリティを感じているのであろうか。簡単な調査を手掛かりにこの点について検証してゆこう。

図表17-3は，大学生を対象としたレッドブルのブランド・パーソナリティに関する調査の結果である[6]。

まず，「元気にしてくれる」「頼りになる」という回答であるが，これらには製品カテゴリーや製品属性といった製品関連特性が強い影響を与えたと考えられる。もっとも多かった「元気」や「強い」「パワフル」などの回答にも製品関連特性が影響を与えていると考えられるが，これらの回答と「情熱的」「意志が強い」，そして「アスリート」という回答を合わせて考えると，そこにレッドブルとスポーツの関係を見出すことができそうである。

既述したように，レッドブルはそのマーケティングにおいてスポーツというものを非常に重視してきた。我々がスポーツやアスリートたちに対してもつ，元気，力強さ，意志の強さというパーソナリティが，マーケティングを通じて

図表17-3　大学生の感じるレッドブルのブランド・パーソナリティ

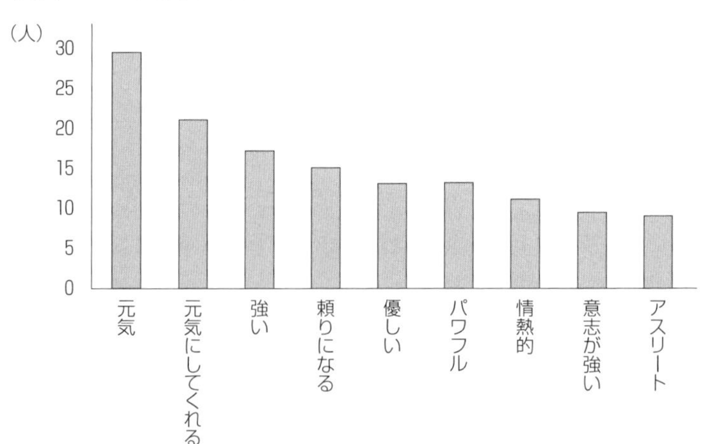

出所：筆者作成

レッドブルに注入されてきたと言えよう。

また，図表中にはないが，合わせて９人が「強気」「挑戦的」あるいは「ストイック」と回答している。これはエクストリームスポーツが危険なスポーツであること，レッドブルの発売当初は現在のように認知されていなかったこと，アスリートたちがより高度なトリックのために努力を積み重ねる姿から形成されたことが推察される。

このように考えると，レッドブルのブランド・パーソナリティの形成において，スポンサー活動などの製品非関連特性が，直接的で理解しやすい製品関連特性よりも大きな役割を果たしてきたと言えそうである。

繰り返しになるが，レッドブルのブランド・パーソナリティの形成において，スポーツが大きな役割を担ってきた。正確に言うのであれば，レッドブルがスポーツというものを使ってブランドを育成してきたのである。

「ヨーロッパは40～50の国や地域に分かれており，それぞれ言葉が違うため，一度のCMで大衆に訴求する『マス広告』を行う」ことができなかった（平田［2017］438頁）こともその一因であると考えられるが，レッドブルのブランド戦略は「この常識はそろそろ時代遅れになりつつある」（Joachimsthaler and Aaker［1997］邦訳143頁）という，マスメディアを用いたアメリカ型のブランド育成とは一線を画す，新たなブランド育成方法として位置づけられるべきものである。

いずれにせよ，消費者の感じるレッドブルのブランド・パーソナリティは，レッドブルが意図したものと重なる部分が大きそうである。レッドブルが行ってきた，スポーツ，とくにエクストリームスポーツを用いたブランド戦略が成功したと言えそうである。

5　最後に提言：中長期的な視点からのブランド構築

レッドブルはエクストリームスポーツを用いたマーケティングによって，確かなブランド・パーソナリティを醸成してきた。しかし，「個々のブランドが想起させる意味の世界は，特定の限られたものとなる」（栗木［2004］12頁）

というように，それは諸刃の剣であるとも言える。明確すぎるブランド・パーソナリティは，顧客を限定してしまうからである。

ゲータレードはスポーツドリンク市場で先発であったにもかかわらず，「ブランド・イメージとプロスポーツ（選手）の結びつきがあまりにも強すぎた」（小川［2011］47頁）ことによって思うようにシェアを獲得できなかったという。

今後，レッドブルがより大きな成長を望むのであれば，ブランドの再定義が必要であろう。これまで醸成してきた明確で“濃い”ブランドを，多くの消費者が受け入れる“薄い”ものにしてゆく必要がある。

ブランドの育成において中心となるコンセプトは重要である。しかし，そのブランドが成長し，新たな局面を迎えた時にどのように再定義を行うのか。レッドブルはそういった視点を我々にもたらしてくれている。

ブランドの立ち上げ当初から長期的視点に立ち，将来的にどのようにブランドを再定義するのかまでを視野に入れてブランドの育成が行えれば，よりスムーズな成長が可能になることが示唆されるのである。

第一段ロケットは，レッドブルというブランドを素晴らしい勢いで発射させた。その推進力に陰りが見えてきたことによって，第二段ロケットにどのように点火するのか，また点火方法は既に定まっているのか，その動向が注目される。

（金丸　輝康）

注

1）　過激さ，スピードの速さ，危険性，技の高度さなどを特徴とするスポーツ。BMX，スケートボード，スノーボードなどが主な種目である。

2）　エナジードリンクの効果についての見解はさまざまである。本文中に記述した効果はエナジードリンクについて一般的に言われているものであり，ここでその効果を肯定するものではない。

3）　レッドブルの主な成分はカフェイン，アルギニン，ビタミンB群である。

4）　2018年6月現在，レッドブルのHP（https://www.redbull.com/jp-ja/red-bull-355ml）に示されている税別の希望小売価格（2018年6月30日閲覧）。

5）　ブランド・パーソナリティを規定する要因として，アーカーは他にも9つのものを挙げているが，ここでは大きな影響を与えたと考えられる要因についてのみ議論している。

6）　2017年12月から2018年1月にかけて，大阪学院大学の学生133人を対象に「レッドブルに感じる人間的特性は」という質問に対して2項目ずつ回答してもらう形で行った。

引用・参考文献

小川孔輔［2011］『ブランド戦略の実際＜第２版＞』日本経済新聞出版社。

栗木 契［2004］「第５章　ブランド価値のデザイン」青木幸弘・恩蔵直人編『製品・ブランド戦略』有斐閣。

佐々木仁美［2014］『色の心理学』椎出版社。

平田竹男［2017］『スポーツビジネス　最強の教科書＜第２版＞』東洋経済新報社。

David A. Aaker.［1996］Building Strong Brands, Free Press.（陶山計介・小林 哲・梅本春夫・石垣智徳訳［1997］『ブランド優位の戦略』ダイヤモンド社）

Erich, Joachimsthaler and David A. Aaker.［1997］*Building Brands Without Mass Media,* Harvard Business Review JANUARY–FEBRUARY 1997.（ダイヤモンド・ハーバード・ビジネス編集部編［1998］『ブランド価値創造のマーケティング―顧客と従業員のロイヤルティを向上させる』ダイヤモンド社）

Wolfgang, Fürweger.［2012］*Die red bull story,* Verlag Carl Ueberreuter.（長谷川圭訳［2013］『レッドブルはなぜ世界で52億本も売れるのか―爆発的な成長を遂げた驚異の逆張り戦略』日経BP社）

第18章

神戸ビーフのブランドコミュニケーション

1 はじめに：2009年の神戸ビーフの状況と課題

皆さんは，「神戸ビーフ（神戸牛・神戸肉）」を食べたことがあるだろうか。もし食べたことがなくても，「神戸ビーフ」という言葉は聞いたことがあるという方がほとんどであろう。言わずと知れた，世界の舌を魅了する日本の高級食材だ。

しかし，我々が携わらせて頂いた当初，2009年時点では，長引く不況に加え，リーマンショックの影響で企業の接待需要が激減，価格がジリジリと下落していた。日経MJ（流通新聞）に掲載された，バイヤー（百貨店・スーパーなどで仕入れをしている担当者）に調査したブランド和牛ランキングでは，第１位の松阪牛から大きく引き離されて第５位となっていた[1)]。

神戸ビーフを長年にわたりブランドにしてきたのは，150年前の神戸港開港からの先人たちと，生産者・食肉流通業者・消費者が協力して昭和58年に設立した神戸肉流通推進協議会であったが，次なる時代を踏まえて新たな対策を模索していた。

本章では，神戸肉流通推進協議会から委託を受け，約10年間実践した，神戸ビーフのブランドコミュニケーションについて解説していく。

2 神戸ビーフの特徴

(1) 神戸ビーフの起源

神戸ビーフの認知が広がった起源は，約150年前に遡る。当時の日本には食肉文化がなかったが，神戸港より10年前に開港した横浜（神奈川県）に住む外国人への牛の手当のために，神戸近郊で飼育されていた農耕用（主に牛車）で飼養していた牛（但馬牛）を神戸から船で運び提供したところ，美味であると評判になった。

神戸ビーフの魅力と認知は，日本の開国とともに国内よりも先に世界に広まっていったと言える。

(2) 初めから神戸ビーフとして生まれてくる牛は存在しない

神戸ビーフの育つ環境や，熟練した畜産家の高度な肥育技術が見たいとの理由から，国内外の旅行者に「神戸ビーフの牧場へ見学に行きたい」とよく要望される。しかし，初めから神戸ビーフとして生まれてくる牛は存在しない。もともと生産頭数の少ない「兵庫県産但馬牛」のなかから，格付けの上位のものが「神戸ビーフ」となるためだ。その基準は図表18-1のように日本一厳しいと言われている[2)]。2015年時点で，年間に出荷される但馬牛6,605頭のうち，4,947頭（約74％）が神戸ビーフに認定されている。これは，日本の牛肉の消費流通量の0.16％という希少さである。

日本の黒毛和牛の血統の源流は，多くは但馬牛と言われている。全国の和牛品種改良の「もと牛」としても使われる，優れた遺伝子をもつ但馬牛の完全な純血だからこそ，美味しさが保たれているのである。

純血種である但馬牛は，他のブランド牛に比べて体質もデリケートである。そのため肥育農家は，風通しの良い清潔な牛舎環境を整え，牛のわずかな体調変化も日々見逃さず，独自に飼料を開発したり，マッサージを施したり，牛がストレスなく健康に食欲を増進させていけるよう，各々が研究を重ねている。

図表18-1　神戸ビーフの格付け表

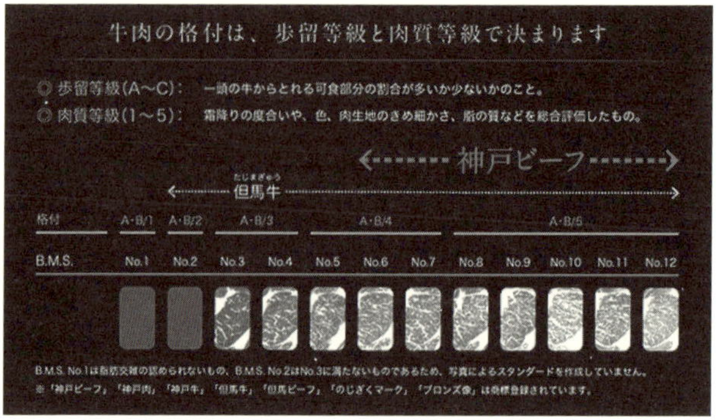

出所：神戸肉流通推進協議会のWEBサイト

3　ブランドコミュニケーションの構築

(1)　新しいターゲット設定の必要性

2008年に起きたリーマンショックの影響で世界的に企業の業績は落ち込んだ。当時の神戸ビーフの消費拠点は飲食店であり，これらの多くは企業の接待利用で，業績によって売り上げが左右される状況にあった。また，もう1つの消費拠点である精肉店のギフト需要についても同様に経済状況の悪化に伴って消費が落ち込んでいた。その結果，総じて神戸ビーフの消費は落ち込み，価格も下落していた。

我々のミッションは，生産頭数の少ない神戸ビーフのブランド価値を高めて，新しいターゲットを見つけ，需要を高めるプロモーション施策を考案してほしいというものだった。

(2)　男性の接待客に加え，外国人観光客と女性客を強化

当時の経済状況を鑑みると，従来の接待客や精肉店のギフト客をターゲットに需要を取り戻すことは困難であると判断した。既存客も保持しつつ，需要を純増させるために，新しいターゲットとして外国人観光客と女性客を設定した。

理由としては，当時，他のブランド牛も落ち込んだ接待とギフト需要を補おうと，多くが国内のプロモーションを展開していた。そこで，従来あった海外での絶大な知名度を活かし，外国人観光客へのアピールに資源を集中することにしたのだ。

女性客に注目した理由は，神戸ビーフの公式レストランでヒアリングを行った際に「最近，女性客が増えてきている」との意見が多くあったためだ。50代女性グループのご褒美ランチ会や，会社帰りOLの特別な女子会など，女性の購買意欲は年々顕著化していたものの，本格的な対策がなされていなかった。

(3)　ターゲットに合わせた，きめ細かい作り込み

従来の神戸ビーフの価値訴求のポイントは，「いかに美味しく，優れているか」「肉質やサシの入り具合」，「厳しい認定基準」など，スペック（品質や仕様）を重視する傾向が強く，2009年時点のビジュアルも「ステーキ」「すき焼き」「しゃぶしゃぶ」等の料理を中心とした定番的なものであった。

2009年時点のビジュアル

世界の舌を魅了する神戸ビーフ®

「神戸ビーフ」は、兵庫県内で生産される優れた但馬牛をもと牛として、県内の熟練した農家が高度な肥育技術を駆使してつくりだした最高牛肉です。牛肉の良し悪しは素牛できまると言われていますが、神戸ビーフの素牛である但馬牛は、約1200年も昔から兵庫県北部の但馬地方の山あいで澄みきった空気、清らかな清流、豊富な山野草など恵まれた自然環境にはぐくまれながら、長い歳月をかけ、多くの人々の努力により、改良に改良を重ねた結果、抜群の肉質を有する肉用牛としてつくりだされたものです。

「KOBE BEEF」は「たじま牛」から

「神戸肉」の味は、もと牛の資質によってきまります。その点、優れた資質を誇る「但馬牛」にまさるものはありません。「但馬牛」は、筋せんいが細く、こまやかな「サシ」が入りやすいのです。そこで「神戸肉」のみならず、極上物はほとんど「但馬牛」なのです。

「KOBE BEEF」はなぜうまい

「神戸肉」は、選びぬいたもと牛を、栄養のある飼料と、細心の心くばりで育てあげ、つくりだされたものです。「神戸肉」は、脂肪が筋肉の中にこまかく入り、これが鮮紅色の筋せんいと交錯してクッキリ鮮やかな「サシ」となります。これが「霜降(しもふ)り肉」です。「霜降り肉」は、熱を加えると「サシ」が溶けてその回りの筋肉をときほぐし、柔らかく、舌ざわりをよくします。このとき、筋肉のもつ味と、脂肪の香りが微妙にとけあい特有のまろやかさをかもしだすのです。

出所：神戸肉流通推進協議会の旧パンフレット

さまざまな食べるシーンを盛り込んだビジュアル

出所：神戸肉流通推進協議会の新パンフレット

しかし，これは他のブランド牛と同じコンセプトであり，差別化が難しい。また，この優位点を訴求されて購買行動に移すのは主に男性客であり，新しいターゲットである女性客にはあまり響かないと考えられた。

女性客が重視する価値訴求のポイントは，「神戸ビーフを食するシーン」である。「誰と，どんな記念日に，自分はどんな服を着て，どんな空間で食べるのか」が，きめ細やかに提案されている必要がある。よって，従来のスペック（品質や仕様）に加えて，「非日常でラグジュアリーな卓上のシーン」，「極上の一口を味わう瞬間」，「特別な人と過ごした思い出」をブランドイメージに設定した。女性客が，神戸ビーフという美食の殿堂に足を踏み入れたくなるような高揚感を得られるビジュアルを構築した。

(4)　神戸という地域ならではの魅力を差別化に活用する

他のブランド牛が実施しているプロモーションを比較検討していた際に，その街並みが思い浮かぶものがほとんどないことに気付いた。神戸は，1868年の開港とともに外国人が暮らす「外国人居留地」が形成され，新しい産業やさまざまなライフスタイルが誕生。海と山に囲まれた豊かな自然環境がありつつも，ハイカラ・モダンな国際都市として発展してきた。

神戸の夜景を下部に入れたポスター

出所：神戸肉流通推進協議会のポスター

そんな神戸が醸し出す地理的イメージを最大限に活用し，街を大きなレストランのように見立てて，港からお客様を迎えるビジュアルを構築しようと考えた。具体的には，「開港からの歴史」，「異国情緒のある街並み」，「神戸1,000万ドルの夜景」にスポットを当てることによって，他の地域では真似できない独自性をアピールすることにした。

(5)　肥育農家を「職人，巨匠」としてアピール

外国人に向けての価値訴求として，肥育農家を「修行を積んだ職人，巨匠」として推し出した。とくにヨーロッパからの観光客は，生産者の情報を強く求める傾向にある。理由は，ドイツのマイスター制度に代表される，卓越した職人技術に尊敬の念を抱く方が多いからだ。日本は，品質に関しては世界一うるさい目利きと言われる。そんな国の職人が作る神戸ビーフの開発秘話が知りたいというのだ。

肥育農家には，技術力，開発力はもちろんのこと，経営力や後継者の育成力が必要とされる。神戸ビーフのWEBサイトでは，年間最大の共励会（肉質やサシを競う品評会）で，チャンピオン牛を育てた肥育農家を毎年取材し，熟練

の技術や，日々のたゆまぬ努力，意欲や誇りを伝えるページに注力し，神戸ビーフを生み出す現場の情報発信を行っている。

(6)　観光従事者に向けた，お役立ちツールの制作

神戸肉流通推進協議会に加盟している公式レストランの案内として作成した「神戸ビーフオフィシャルレストランガイド」には，観光従事者（ホテルのコンシェルジュ，観光案内所のスタッフ，行政の観光関連部署，通訳者，旅行代理店の添乗員，観光ボランティアなど）が困っていた課題を解決する内容を盛り込んだ。

国内外の観光者から連日，さまざまな言語で寄せられる神戸ビーフに対する質問，「どこで食べられるのか」，「いくらするのか」，「A５ランクなどの定義は何か」などを一覧で案内できるものだった。日本語と英語対応で冊子５万部を作成し，観光従事者への無料配布や追加発送を随時行った。

2018年からは，２年後の東京オリンピックを見越して，冊子をWEBサイトおよびスマートフォンサイトに刷新し，100言語での翻訳と，地域や料理別の検索性の向上や，地図リンク，予約電話のかけやすさなどの対策を盛り込んだ。

大切なのは，観光従事者にとって「お役立ち」できるものにすることである。冊子の設置を依頼しても，こちらの都合を押し付けたものでは，承諾してもら

神戸ビーフオフィシャルレストランガイド冊子

出所：筆者撮影

える可能性は少ない。相手の立場で考え，接客時間が短縮できるもの，お客様とのコミュニケーションが深まるもの，他の観光資源もセットで販売できるものなどを検討すれば，結果，プロモーションにおいて飛躍的に協力者が増えることになる。

さらに，勉強会を随時開催し，観光従事者に向けて神戸ビーフの正しい知識の普及や啓蒙，各部位の試食などを行った。意見交換では，観光客への対応時の現場でのお悩みのヒアリングを丁寧に行い，内容や仕様に活かすよう全力を尽くしている。

4　最後に提言：日本にある優れた商品を世界に発信するには…

神戸ビーフのブランドコミュニケーションについて考察してきたが，日本には知名度はあるが実際は売れていない食材や，品質や加工技術は世界でもトップクラスでも，地域に埋もれている商品がまだまだある。

観光庁は，施策を起爆剤として外国人観光客の目標を2020年に4,000万人，2030年には6,000万人にすると発表した。外国人が「日本でしたいこと」の第１位（96.1％）は「日本食を食べること」である。第２位（83.4％）「ショッピング」，第３位（66.4％）「自然・景勝地観光」と続くが，食は圧倒的だ。地方には観光資源になり得る食材が山ほどある。

それには，地域の生産者とマーケティングやデザインができるクリエイティブ人材が企画段階から共同で課題に取り組み，世界に向けて発信する戦略を立てることが重要となってくる。しかし，生産者や各種団体から「地方にいるのでなかなか人脈ができない」，「相談したくても資金がない」，「収穫量が少ないので，プロモーションしても意味がない」と言われることがある。

人脈づくりは，他地域で成功しているところにヒアリングに行けば，情報のみならず，人材の紹介や連携を可能にすることもある。資金がない場合は，成功報酬型やクラウドファンディングを活用する方法を探ってみる価値はある。実際に人材が動く理由は，金銭的報酬だけではない。

まずは日頃からアンテナを張って，一歩から行動を起こしていくことが必要不可欠であると考える。

（星加　ルリコ）

注

1） 日経MJ（流通新聞）「国産ブランド牛肉―松阪牛，総合力断トツ」（ヒット分析バイヤー調査），２面参照，2009年３月30日。

2） 神戸肉流通推進協議会規約

【第20条】

「兵庫県産（但馬牛）」とは，本県の県有種雄牛のみを歴代に亘り交配した但馬牛を素牛とし，繁殖から肉牛として出荷するまで当協議会の登録会員（生産者）が本県内で飼養管理し，本県内の食肉センターに出荷した生後28ヵ月令以上から60ヵ月令以下の雌牛・去勢牛で，歩留等級が「A」「B」等級とする。尚，兵庫県産（但馬牛）を但馬牛・但馬ビーフ，TAJIMA BEEFと呼ぶことができる。

同【第21条】

「神戸肉・神戸ビーフ」とは，第20条で定義する「兵庫県産（但馬牛）」のうち，未経産牛・去勢牛であり，枝肉格付等が次の事項に該当するものとする。尚，神戸肉・神戸ビーフを，KOBE BEEF，神戸牛（ぎゅう），神戸牛（うし）と呼ぶことができる。

⑴　歩留・肉質等級　・「A」「B」４等級以上を対象とする。
⑵　脂肪交雑　・脂肪交雑のBMS値No.6以上とする。
⑶　枝肉重量　・雌は，230kg以上から470kg以下とする。
　・去勢は，260kg以上から470kg以下とする。
⑷　その他　・枝肉に瑕疵の表示がある場合は，本会が委嘱した畜産荷受会社等（委嘱会員）がこれを確認し，「神戸肉・神戸ビーフ」の判定をする。

引用・参考文献

デービッド・アトキンソン［2017］『新・観光立国論　実践編　世界一訪れたい日本のつくりかた』東洋経済新報社。

神戸肉流通推進協議会WEBサイト
www.kobe-niku.jp/（2018年１月31日閲覧）

神戸ビーフオフィシャルレストランガイドWEBサイト
www.kobebeef-org.jp/（2018年１月31日閲覧）

第19章

“リアルな”実践型マーケティングと３つのI.M.

―新しい３K，３Cの役割と重要性―

1 はじめに：現場におけるマーケティングの実態

近年の論文にみられる傾向として，「実践的」や「現場型」という，あたかも現場を熟知しているかのような言葉が数多く使われている。だが実際には現場を外から見るだけで，各分野に沿ったさまざまな学説・研究を紹介，それに少しトッピングして論じ，最後に一般的な評論を述べるにとどまるものが多い。それこそ俗に言う，「知っていること」と「できること」そして「理解していること」は違うという典型ではないか。しかし，中小企業という現場で，また実際の組織で働き，実践しているからこそわかる視点もある。本章では「現実の中小企業の在り方」，「現場と経営者との温度差」，「実際の現場での体感」などについて触れ，その現状，問題，マーケティングの必要性について“リアルな”実践型マーケティングを語ってみたい。

2　中小企業の経緯

(1)　中小企業とは

ここでの中小企業は，社員１人〜30人ほどの中小・零細で「町工場と呼ばれる職人企業[1)]」を想定する。それはかつての清水［1986］による「中小企業は自己資金中心で，資本規模が小さく，組織も社長とその家族が中心で，狭い隙間市場で過当競争し，その多くが平均利潤以下の利益しかあげる事ができない企業や下請け型企業が多い[2)]」とされる対象である。

(2)　中小企業の経済環境

①　20世紀末までの経済環境

経済環境の一大変化として，オイルショックやドルショックなどがあり，高度経済成長，人口増加，さらには「作れば売れる」と言われていた需要>供給の時代があった。この時代の企業の信用は，その規模，資本金の大きさ，社員の数，業歴の古さ等が暗黙の基準として存在していた。３Cと言われたカラーテレビ，クーラー，自動車の普及など，「モノをもつことがステータス」という時代でもあった。また，３Kとしての「キツイ・汚い・危険」などが，今以上に悪く捉えられていた。

②　21世紀以降の経済環境と中小企業の現実

21世紀はリーマンショックから始まり，グローバル化，少子高齢化，ニーズの多様化・個性化等，中小企業が対応を余儀なくされることが山積している。それに対しさまざまな施策が実施されたにもかかわらず，現状では毎年７万社が廃業し，このペースなら今後10年で膨大な企業が廃業へと追いやられていく可能性がある。従来は起業して10年続く企業が約２割とされていたが，現在は６％しか生き残れない厳しい環境となっている[3)]。IT技術が急速に普及し，情報流通がスピードアップされ，現在の３Kは「キツイ，帰れない，給料が安い」へと変化した。さらに中小企業の強みの１つである「モノをつくる技術・

イノベーション・サービス等」に対する意識低下により，企業相互の信頼関係さえ衰退している。

3　中小企業のマーケティング

(1)　マーティングの定義

中小企業マーケティングのほとんどが，利益追求を一番と考える大企業の物真似マーケティングになっている可能性が高い。ここではマーケティング定義として，三浦［1971］の「市場的環境への創造的で統合的な適応行動」を採用する。

(2)　３つのI.M.の再認識

現代は，個人一人一人が影響力をもつ時代だからこそ，中小企業は「３つのI.M.[4]」について，改めてその必要性を考えることが大切ではなかろうか。この３つのI.M.については，田中［2014］がその重要性を説明している。以下，それぞれについて簡単に説明していこう。

①　インターナル・マーケティング

中小企業は小回りが利く柔軟性をもち，そこには小さいからこそできる，小さくなくてはできないというマーケティングの可能性がある。大企業のように，社内を市場として認識する一方通行で「クールな関係」ではなく，中小企業ゆえに，家族として認識した「ホットな関係作り」あるいは「一人の顧客」ではなく「家族の一人」として考えることが必要だ。家族経営という，あまり良いイメージをもたれていない部分にこそ，中小企業にとっての大きな意味が潜んでいる。

②　インタラクティブ・マーケティング

経営者や従業員が顧客・消費者と直結する双方向型のマーケティング手法で

ある。通常，言われるように，「ニーズを把握し，それらを提供する」とシンプルに考えてもいい。互いに何を求め，どのような結果を望んでいるかを感じとる感受性。それらを形にするよう動く迅速性なども必要になる。時流とともに，消費者や他社が常に何を求めているのか，アンテナを立てておかなければならない。

③　インターオーガニゼーショナル・マーケティング

この3つの「I.M.」の中では，中小企業にとってもっとも重要で，中小企業の良さを最大限に発揮できるマーケティング部分である。これは一時的に，同業他社だけでなく，異業種との連携，グループ化さらにはネットワーク化により組織的な取り組みを行うマーケティングである。経営と経営という組織面だけでなく，中小企業だからこその個人対個人を通して，「ホットな関係」を作りやすい面もある。

4　現場から見る経営者満足と3Kの実態

(1)　経営者満足の認識

「経営者満足[5)]」の要素とは売上規模，利益など金銭面だけでなく，経営者自身の夢や経営目標なども含んでいる。常に保守的な経営者もいれば，攻め続ける経営者，さらには一発逆転を狙う経営者など，さまざまなスタイルがある。現実問題として，企業トップである経営者が満足できなければ，その企業で働く従業員をはじめ，顧客・消費者が満足するわけがない。

図表19-1で表すように，経営者満足とは「共有」，「共鳴」，「共感」が果たされる「三位一体」といえる。もちろん，これには経営者の熱量というメンタル的な部分が関わってくることはいうまでもなかろう。

(2)　新しい3Kの必要性

今，モノづくりにおける学びの3ヵ条を考えるとするならば，たとえば「人

図表19-１　経営者満足と３K

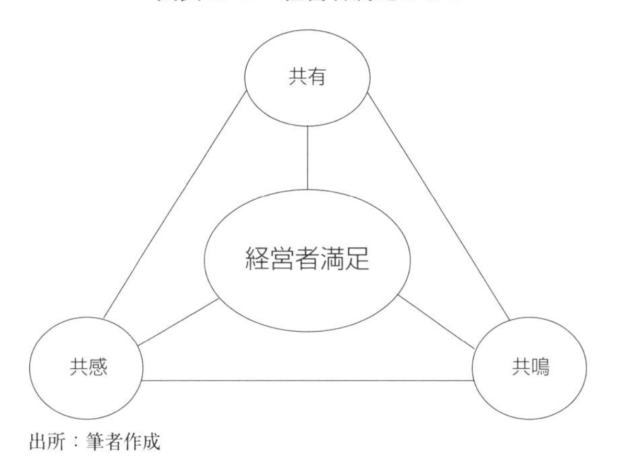

出所：筆者作成

から学ぶ」，「モノから学ぶ」，「自然から学ぶ」という点があげられよう。もちろんこれはモノづくりだけでなく，さまざまなことにも当てはまる。「ステータスとしての３C」や「キツイ仕事としての３K」といった造語があるように，筆者は経営者満足を考察するにあたり必要なものとして「共有」，「共鳴」，「共感」の３Kに注目する。「経営者満足＝新たな３K」という，この新たな形を考えることも，１つのマーケティング提起ではないか。３Kそれぞれに「共」とあるように，互いの関係性が経営者満足にとって必要である。以下ではこの３Kを詳しく述べることで，経営者と従業員の温度差や方向性など中小企業の現場についての目に見えない部分について説明したい。

①　共有＝距離感（価値）

経営者の考えは，なかなか従業員には伝わらないという。それは現実の企業では当たり前かも知れない。中小企業や職人企業といわれるところでは，この企業がもつ「少数ゆえのメリット」をまったく活かしきれていない。それは何故か。それはまさに経営者と従業員の「距離感」そのものである。

大手企業の社員と経営者の距離感はかなり遠い。社員は滅多に社長の顔を見ることすらない。しかし実際の中小企業でも，経営者から「なにか一言話す機会はあるか，そのチャンスを作っているか，そして与えているか」と言われれば，案外そうでもない。実際の現場でもせいぜい朝の朝礼等で顔を合わせるかどうかであり，従業員にとっては，社長と対面するチャンスと言えばそのくらいしかないのではなかろうか。

中小企業だからこそ距離感が近いはずなのに，互いに壁を作り距離を取ってしまう傾向がある。現実の企業には，「近そうで遠い距離」がある。それを克服するには，互いに何を求め，どのような結果を望んでいるかを感じとる感受性が必要である。これは実際に企業の一従業員から見たリアルな視点だ。経営者目線だけの理論と視点では，なにも変わらないのが現実である。

②　共鳴＝温度差（思い入れ）

従業員側と経営者側で，その温度差や考え方は大いに異なり，互いの思考のズレは大きい（図表19-2）。「当たり前の事」だからこそ，この点の再認識が必要である。たとえば，経営者は「使ってやっている」，「仕事を出してやっている」，他方それを受けた従業員は「働いてやっている」，「仕事をしてやっている」という思考になりやすい。相互作業，三位一体といった言葉はあるが，現状ではそれぞれが双方向の関係ではなく，一方通行になっている。現場の従業員間では「感謝」，「評価」の２つが大きなモチベーションとなって働き，変化が起きると考えられる。従業員の中には「中間管理職に任せておけばいいと

図表19-2　温度差の変化

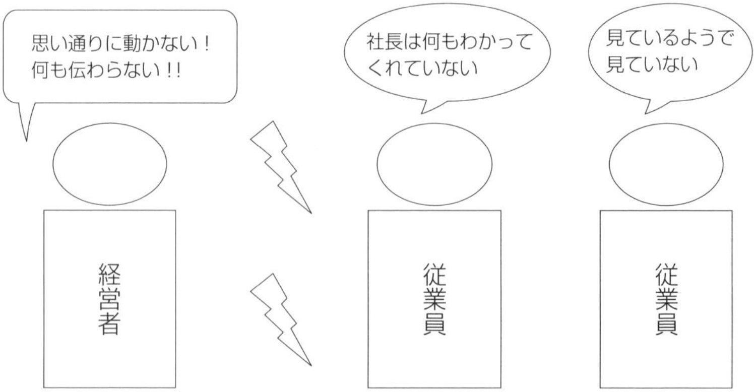

思い通りに動かない！
何も伝わらない！！
社長は何もわかってくれていない
見ているようで見ていない
経営者
従業員
従業員

出所：筆者作成

思っているのか」，「従業員に対しての感謝は何で表しているのか」，「マイナス要素は切り捨てればいいと思っているのか」といった辛辣な意見があるのも事実だ。

表彰でも給料でも，実際に受け取るときに，「管理職からの表彰」か「経営者からの表彰」かで異なるし，「振込」か「手渡し」のどちらに重みがあるかと言えば，いうまでもなかろう。これは中小企業でなければできない部分である。これこそ「優しさ，気遣い」ではないか。従業員に対し，あくまでも「自分たちは見られている」，「期待されている」ということを経営者は伝えていく必要がある。この「些細な違い」を実行する事こそが，温度差のバランスをとることの第一歩となる。

③ 共感＝方向性（道筋）

上述のように，経営者と従業員には数多くの違いが生じる。いわば，「お金を渡す方」と「お金をもらう方」，この二者しかないからだ。つまり，常にこの点を頭に入れておかなければならない。なぜなら，モチベーションやマーケティング，さらには心理学の理論だけでは動かないのが従業員であり，人だからである。この側面は決して埋まることのない部分でもある。

では，どのようにして方向性を見出していくのか。

それにはまず，考えの「押しつけ」をやめることだ。経営理念，行動指針といった企業としての方針を明確に，かつ簡潔に伝える事が第一歩である。従業員からすれば「もっとこうすれば…」，「もっとこうできたら…」といった「タラレバ不満」は必ず出てくるが，そこは「優しさ，気遣い」の部分で埋め合わす努力も必要だ。

④ 新たな３Cと３Kの必要性

これまで新たな３K（共有，共鳴，共感）について簡単に説明した。ここでは３Kと一体化した新たな３C（信用，信頼，真実）について触れていく。

図表19-3のような簡易な組織図を表してみた。一般的にはピラミッド形式で，トップに経営者，下に従業員等の組織図が多くみられるが，現代における組織の在り方とは流れが変わってきているかもしれない。

図表19-3　新しい３C，３Kの取り入れ

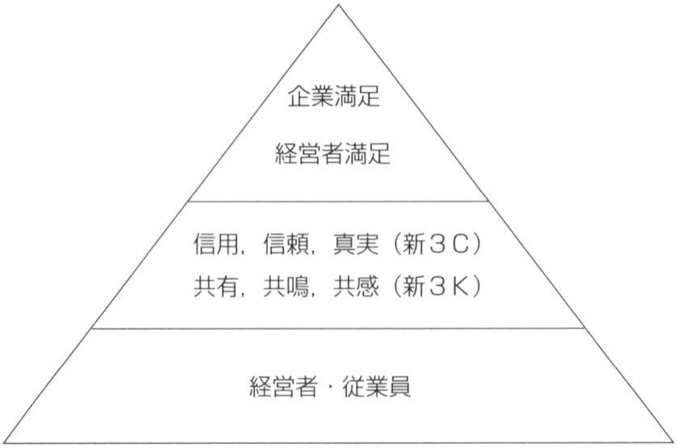

企業満足 経営者満足
信用，信頼，真実（新３C） 共有，共鳴，共感（新３K）
経営者・従業員

出所：筆者作成

だから筆者の考える組織図は企業の根本に人である「経営者」・「従業員」が位置する。そしてその上には「新たな３K（共有，共鳴，共感）」，そしてそれと一体化した「新しい３C」としての「信用，信頼，真実」の存在が必要になる。

企業にとっては，業績を上げることがもっとも必要なのは確かである。そのために，縛りつけるルール，さらにはルールを守るためのルール等が付け加わり，どんどん身動きがとれず，結果，何も変わらない施策ばかりを行う企業も現実にある。しかし筆者が考えるに，経営者，従業員のお互いが，自分自身の「信念」と「価値観」を捨てる必要はないのではないか？　従業員，経営者共に，現在自社が置かれた現状に不平不満を言うのでなく，その状況を変えるため，どのように「適切な行動」を起こし，互いに「感謝」，「感動」のできる環境を作り出していけるかを考えることこそが必要ではないか。

「よりよく考える」ことは，難しい。しかし，「先を考えすぎて」一歩を踏み出せず，失敗のイメージしか浮かばない企業が多いのも現状である。将棋の「３手先を読む」，こうした考えが必要ではないか。まずは，上手くいかないという考え方を捨て，上手くいく考え方“まで”を適切に選択することではないか。理論だけでは業績はあがらず，人は動かない。大切なことは，一歩先に進む努力，つまり「発想力＋適切な行動＝新３Cと新３K」となり，これは，最終目標として企業の業績upに繋がる１つの手段ではないか。

5 まとめ

中小企業が，なぜマーケティングにこだわりながらも実際にそれができないのか，という点で１つの理由を提示した。それは，各社各様，独自の個別的な経営戦略が立てられていないからである。そこには中小企業として戦う「武器」･「弾薬」･「食料」はすでに揃っている。しかし企業自身が案外とこの点に気付いていない。それらを「いつ」，「どこで」，「なにを」，「どのように」使っていけばいいのか，という戦術がなく，手詰まりの状態という面もある。それと同時に「もっているだけの満足感」，「もっているだけの安心感」などにより，知らない間に満足しているところがある。

マーケティングを実施する基本となる材料をもち，経営者と従業員が互いの仕事の大切さを理解することこそ，中小・零細と言われる企業だからこそできることである。その意思とは，経営者満足，従業員満足といった満足度が一定レベルに達した時に，タイミングとして訪れるのではなかろうか。何事も見ているだけでは，何も変わらず，何も掴めず，何も進まない。そして将来展望すら望めなくなってしまう。それゆえ新たな３Ｋ（共有，共鳴，共感）や新たな３Ｃ（信用，信頼，真実）など，基礎的な部分の大切さを，今一度再認識する時ではないだろうか。

6 最後に提言：ライフワークとしての「一品一様」を目指す

これまでの業種・業界共通のものではなく，各社が求め差別化を明確にするための「オーダーメイド式マーケティング」を模索していく。これまでの学術書や論文，研究書などの成功事例は，今やほとんど通用しなくなっている。オーナー経営が多い中小企業経営者は，この厳しい現実ゆえに，ヒトとヒトの関係をより深く築く必要がある。もちろん「繋がる力」だけでなく，企業人ゆえに目的意識の違う人材を切る力（見切る力）も備え付けなくてはならない。当たり前の事かもしれないが，世の中でもっとも難しいのは，まさにこの「当たり前」のことを実行する行動力，決断力なのである。

（中里　皓一）

注

1）中里［2013］『大阪学院大学大学院商学研究科修士論文』にて説明。
2）清水［1986］1-2頁。
3）帝国データバンク［2017］，日本経済新聞［2017］等の資料を参考に筆者がまとめた。
4）中里［2013］。
5）同前。

引用・参考文献

小笠原昭治HP　https://0gasawara.blogspot.jp/（2018年2月21日閲覧）。
清水龍瑩［1986］『中堅・中小企業成長論』千倉書房。
菅原正博・田中道雄・吉田裕之編著［2000］『次世代ショッピング・センター―SCマーケティング革命』中央経済社。
田中道雄［2013］『中小企業マーケティングの構造試論』大阪学院大学学術機関リポジトリ。
田中道雄［2014］『中小企業マーケティング』中央経済社。
中里皓一［2013］『中小企業マーケティングの序論的考察：3つのI.M.と経営者満足』大阪学院大学大学院商学研究科修士論文。
ヴェルネット，エリク［1994］『マーケティング・フォンダマンタル―戦略と技法の構図』三浦 信・田中道雄・三浦俊彦［訳］ミネルヴァ書房。
三浦 信［1971］『マーケティングの構造』ミネルヴァ書房。

第20章

買物空間における消費者心理とマーケティング

1 はじめに：買物空間の価値創造に向けて

従来型の買物行動（shopping behavior）の研究では，消費者は販売されている商品を購買することを目的として行動する受動的な消費者が想定されてきた。ニューウェーブのさまざまな技術が加速度的に進化する中，消費者から支持される買物空間は，消費者の合理的，機能的側面からの充足だけではなく，感情的，精神的な高次の充足感がもたらされることが重要となる。本章では心理学的な視点から買物空間における消費者心理と行動を検討し，これからのマーケティング実践へ手がかりを探るものとする。

2 買物行動の研究

(1) 買物行動と消費者行動研究

マーケティングにおける消費者行動研究の主たる関心は消費者のブランド選択にかかわる意思決定とその消費者情報処理のメカニズムの解明にあり，買物行動そのものが研究対象となることは少ない。包括的な消費者意思決定モデルにおいても買物行動に言及されることは稀である。

消費者行動研究の研究対象は個人をベースとした購買（buying）と消費（consumption）である。日常的にショッピングと呼ばれる買物行動は，購買や消費だけではなく，時間的にも空間的にもさまざまな行動や心理的な諸相を含んでおり，消費者を多面的に捉えることが必要である。

(2)　買物行動研究の基本的枠組みと展開

①　小売集積イメージと店舗選択行動

来住［1986］は，消費者の店舗選択行動は，ストアイメージ，小売集積イメージ，小売企業イメージを包含し，小売イメージと関連性があると仮定した店舗選択行動の仮説的概念モデルを提示している。

このモデルは，消費者は製品やブランドを選択したり，ショッピングそれ自体を楽しむために，店舗を探索したり回遊する欲求によって消費者行動が始発される。このような欲求の喚起は小売マーケティング的刺激とともに，消費者の内的属性（デモグラフィック特性・価値観など）や外的要因（社会的・文化的要因）が関係するとされている。店舗選択や買い廻りに動機づけられた消費者は，店舗属性（小売ミックス）の知覚・連想からストアイメージを形成する。店舗に対する態度が店舗選択を決定づけることから，小売商業集積や小売企業イメージを含めて総合的にアプローチすることの重要性を指摘している。

②　商業集積地における来街者行動

前項で示されたように，商業集積地に集まる人々の目的や動機は買物することだけではなく，さまざまな理由がある。杉本［1984］は，商業集積地における来街者の行動パタンを分析している。1983年に神戸市のトアロードを中心とする商業集積地で来街者調査を実施した。調査対象者は18歳から65歳までの来街者の男女408名である。

質問紙調査では，来街者に付近の地図を提示し，調査当日の動線（調査地点までとその後の予定を含む）を記入するように求めた。来街者によって記入された動線は，地区を47ブロックに分け，各ブロックにおける歩行の有無と方向性をコード化した。コード化されたデータについて林の数量化理論第Ⅲ類によ

図表20-1　トアロード商店街付近における代表的歩行ルート（西向Ⅱ型）

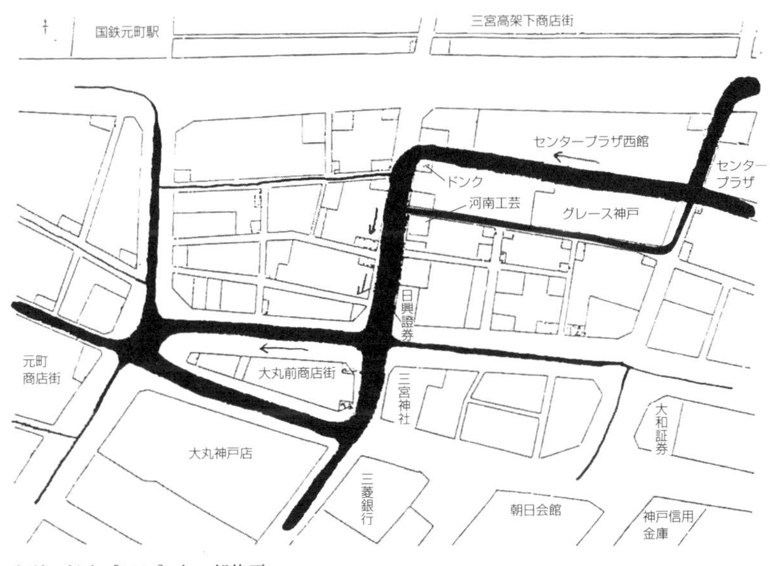

出所：杉本［1984］を一部修正

るパタン分類を行い，第５軸までの個人得点を算出した。各軸で算出した個人得点をもとに階層的手法によるQモードのクラスター分析を適用した。

その結果，トアロードを中心とする商業集積地における来街者の歩行パタンは南向Ⅰ型 15.2％（62名），南向Ⅱ型 8.1％（33名），西向Ⅰ型 10.5％（43名），西向Ⅱ型 26％（106名），トアロード往復型 16.2％（66名），東向型 24.0％（98名）の６つのクラスターに分類された。図表20-1は，調査対象者の中でもっとも多くの来街者が分類された西向Ⅱ型における歩行パタンである。このクラスターに分類された来街者は大丸神戸店を目的店とする人が多く，この地区に来街する人のオーソドックスな行動パタンを表している。

来街者の６つの歩行パタンと他の変数との関連性を分析したところ，トアロード商店街への来街頻度や買物頻度との間に有意な差がみられた。来街目的では，「映画・音楽会等」「デート」「友人・仲間とブラブラする」といった来街目的においては，来街当日の歩行パタンとの間に有意な差がみられた。この分析結果は，商業集積地へ集まる人々の行動は必ずしも買物だけではなく，買物以外の来街理由が来街の動機になっていることを示唆するものである。

③　商業施設（集積）における消費者行動とロイヤルティ

ブランド研究の領域では，ブランド・ロイヤルティは行動的な指標だけではなく，心理的な要素もロイヤルティの指標として重視される。商業施設や商業集積地についても同様であり，心理的なロイヤルティが高まることにより，継続的なリピーターとして来店頻度や来街頻度が高まると考えることができる。

近隣型商店街の場合，一般的に行動的なロイヤルティは高くなるが，その地理的な利便性だけに甘んじていると，心理的なロイヤルティは必ずしも高まらない。地域型商店街，広域型商店街であっても，集積規模や店舗数が多いだけでは好意的なイメージ形成はなされない。商業施設の顧客ロイヤルティを高めるためにはどのような要因を考慮すればよいのであろうか。杉本［2007］は，ブランド・ロイヤルティ形成の要因（Sheth and Mittal［2004］）を参考にして商業施設の顧客ロイヤルティ形成にあてはめている。

図表20-２に示されるように，顧客ロイヤルティの形成にポジティブに働く要因は，１．商業施設の機能的パフォーマンス（店舗の数や業種，品揃え等）がどこまで消費者ニーズにフィットしているか，２．商業施設が消費者の感性やライフスタイルにどこまで適合しているか，３．利用経験やなじみの度合い，である。これらの要因が消費者に評価されると商業施設に対して強い顧客ロイヤルティが形成され，継続的な顧客吸引力を増すことにつながる。

他方，顧客ロイヤルティの形成にネガティブに働く要因は類似した商業施設

図表20-２　商業施設への顧客ロイヤルティ形成要因

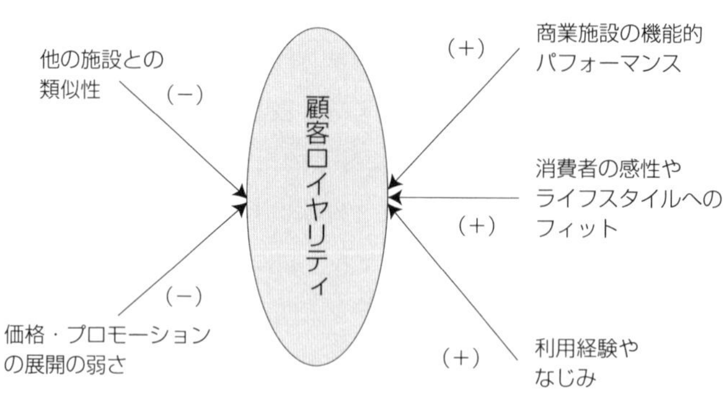

出所：杉本［2007］

が顧客の選択肢の中にあるか，競合する商業施設との関係で，価格の面やプロモーション活動の展開で弱点はないかなどである。これらの要因が満たされていないと，顧客ロイヤルティは形成されず，他の商業施設や集積に顧客を奪われることになる。

3 買物行動と消費者心理

① 買物行動への動機づけ

Tauber［1972］は買物動機に関する探索的な研究を報告している。ロサンゼルスで20歳から47歳の男女30名に対して直近の買物行動を想起させ，買物中に起きたできごとや楽しさなどについてデプスインタビューを実施し，買物動機を個人的な動機と社会的な動機に分類している。

個人的動機は，1．その人の地位や役割によって期待される役割演技（母，主婦，夫，学生など），2．日常生活の気晴らしやレクレーション，3．自己満足（「自分へのご褒美」のような）で合理的な動機よりも購買のプロセスそのものを楽しむ，4．新しいトレンドの学習（最新のファッションや新製品などへの関心），5．体を動かすことの少ない人にとっての肉体的活動（買物には相当量の運動が必要），6．感覚的刺激（店舗でいろいろな商品を見たり，手にしたりする行動は五官を刺激する），の6つの動機である。

社会的動機は，1．家庭の外での社会的経験（そもそも市場（いちば）は社会活動のセンター）であり，店の人とのやり取り，知り合いとばったり出会う，知らない人と出会ったり，観察したりする），2．類似の関心をもつ他の人々とのコミュニケーション（共通する趣味や関心をもつ人が集まり，話をする），3．仲間集団の魅力（店の常連客になるのは自身の仲間集団や憧れの準拠集団の一員として認められたい），4．地位と権威（数多くの買物を経験することで特別な扱いを受けることができ，気持ちがよい），5．バーゲンの楽しみ（値下げの交渉や買い得品を探すプロセスを楽しむ），の5つの動機である。

Solomon［2015］は，買物は製品やサービスをいかに入手するかという行動であるとしている。人々の買物は単純に商品の購買が目的の場合もあるが，買物行動に動機づけられる社会的な動機が重要であると指摘し，買物は合理的な動機と情緒的な動機から生起する行動であるとしている。

②　買物行動における感情の役割

消費者行動研究では，近年，認知のメカニズムだけではなく，感情の役割や機能が注目されるようになってきた。Blackwell, Miniard and Engel［2006］は，意思決定の視点からみた情報探索として，「買物」と呼ばれる従来型の情報探索を好む消費者が存在し，ショッピングセンターや商店街を回遊することは楽しいことだと感じる消費者がいれば，面倒なことだと捉えている消費者もいる。このような消費者にとっての買物に伴う感情を理解することは小売業者の消費者施策に有効な情報をもたらすと指摘している。

田中［2014］は，中小小売業に必要とされるマーケティング・ミックス（4P）に対応する要素として作品（情緒的品揃え），独自価格の可能性（与件），消費者への情緒的密着・地縁関係（キメ細かさ），場の雰囲気（与件）をあげ，買物空間におけるマーケティング対応に感情（情緒）の役割が重要であることを指摘している。白石［2012］は，地域ブランドの開発において物理的機能だけではなく，「楽しさ」「優越さ」「格好よさ」「安らぎ」「洗練さ」「温かさ」などの情緒的な要素からなる感性的機能を追求することがますます重要になっているとしている。

チョードリー［2007］は，店舗におけるポジティブな経験は，ポジティブな感情的反応の累積であり，当該店舗に対してポジティブな感情的反応を示すことを指摘している。北米の郊外型大型小売店における実証研究によって，店舗に対する満足および情緒は価値とコミットメントとの関係を媒介し，店舗に対する情緒と満足は愛顧意図へとつながることを示している。

石淵［2016］は，動線研究では動線長が非計画購買に影響することなどが明らかになっているが，快感情がどのような様式で購買に影響するかなどは解明されていないと指摘している。百貨店の地下食品売場における来店客調査から快感情が消費者の創造性を高め，快感情は創造的購買（想起購買，関連購買，条件購買）を促進すること，動線長は快感情を考慮した場合，狭義の非計画購買に影響せず，創造的購買は消費者の長期的来店行動に正の影響を与えることを確認している。

永井・恩蔵・大嶋［2016］は，南町田グランベリーモールにおいて店頭面接法とGPS調査を組み合わせて複合型商業施設における買回り行動について感情研究の視点からの実証研究を報告している。GPSデータの分析からは，長く歩かせる，広範囲を歩かせることは，消費者に対してネガティブな影響を与える傾向があることを示し，従来重視されがちだった「いかに長く歩かせるか」という動線設計は満足度と再利用意向をかえって低下させてしまうという商業施設のあり方に対して重要な指摘を行っている。

石井・平木［2016］は，文献研究をもとに店舗空間で感覚マーケティングを展開する際の検討課題について議論を行っている。たとえば，視覚と聴覚のような２つあるいは３つ以上の感覚刺激を含む研究が必要であると述べている。

③　感情次元からみた買物空間

感情次元の研究（濱・鈴木・濱［2001］）をベースにしながら，消費者の感性や感情のメカニズムから買物空間や商業施設のあり方を検討する。

1879年にライプツィヒ大学で世界初の実験心理学の研究室を開設し，近代心理学の祖と呼ばれるヴント（Wundt, W.）は，心的要素を客観的な経験内容の要素としての感覚的要素と，主観的な経験内容としての感情要素または簡単感情の２つの要素からなると説明している（今田［1962］）。現在の感情研究につながる簡単感情の質は「快－不快」(Lust-Unlust)，「興奮－沈静」(Erregung-Beruhigung)，「緊張－弛緩」(Spannung-Lösung) という３つの次元からなるとしている。その後，感情次元のさまざまな仮説モデルが提案されてきたが，Russel［1980］は，感情の円環モデルを実証的に提示した。この円環モデルは「快－不快」(pleasure-unpleasure) と「覚醒－眠気」(arousing-sleepy) の２次元からなる。

以上のような感情次元の心理学的モデルを参考にして杉本［2007］は，「快－不快」と「興奮－沈静」という感情の基本的な２次元からなる仮説的円環モデルにさまざまなタイプの商業集積をあてはめている。感情の位置づけと商業集積の関係性は図表20-3に示される。

人々が快い状態であり，かつ，興奮度が高まると，刺激的であったり，楽し

図表20-3 感情次元からみた商業集積

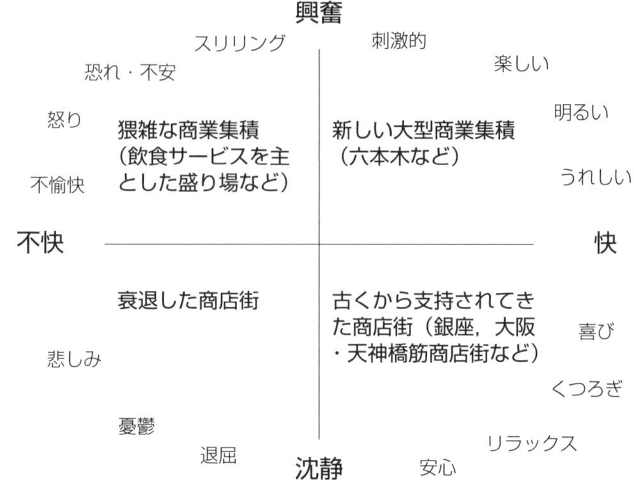

出所：杉本［2007］

く感じたりする（第１象限)。六本木ヒルズが出現した時の六本木のように，新しくできた商業集積や施設はこのような感情をもたらすことが多いであろう。

他方，同じように快い状態であっても，心が沈静化すると，リラックスできる（第２象限)。東京にあっても銀座は高級感を感じる中にも安心感のある商業集積である。古くから地元住民に支持されてきた商店街なども安心して買物を楽しむことができる。たとえば，田中［2014］が商店街マーケティングの事例として紹介している粉浜商店街（大阪市住之江区）もこのカテゴリーに分類される。粉浜商店街は住吉大社に隣接し，古くからの店舗も多い近隣型商店街である。

一方で，飲食サービスを主体とした盛り場などは，スリリングな一面もあるが，時には不安を感じたり，不愉快な経験をすることもある（第３象限)。歓楽街はこのカテゴリーに相当する要素が多い。衰退した商店街は，郷愁は覚えるものの，楽しい気分は起こらない（第４象限)。近年，地方の中心部商店街や駅前商店街も人通りが激減し，シャッター通りとなっている例が激増している。

人によって，どのようなタイプの気分を求めて買物に行くかは大いに異なる。

年齢や性別，ライフスタイル等によって求める感情状態は異なる。新しくできた商業集積やビルを好む人であっても，時には落ち着きのある場所でリラックスして過ごしたい時もあろう。普段は地元の商店街しか行かないが，時には話題になっている場所に思いきって出かけてみようという場合もある。競合する商業地域との関係から，ターゲットとなる消費者がどのようなニーズや楽しみを求めているのかを理解したうえで買物空間や商業施設のコンセプトや仕掛けを創造することが必要であろう。

4 最後に提言：これからの買物空間とマーケティング

コトラー［2010］は，次世代の「マーケティング 3.0」を公表した。現代は，環境問題や貧困など世界的規模の社会的問題が山積する一方で，デジタル技術などニューウェーブの技術が日々進化している。売り手と買い手の関係は「多数対多数の協働」であるとしている。「多数対多数の協働」は買い手である消費者もマーケットに参画するところが大きな特徴となっている。売り手と買い手というこれまでの枠にとらわれることなく，消費者が時には売り手となり，創造的な仕組みづくりが必要である。これからの買物空間の構築には機能的・感情的・精神的価値の飽くなき追求が必要とされるであろう。

（杉本　徹雄）

引用・参考文献

石井裕明・平木いくみ［2016］「店舗空間における感覚マーケティング」『マーケティングジャーナル』第35巻第4号，52-71頁。

石淵順也［2016］「店舗内の快感情は衝動購買をさせるだけか」『マーケティングジャーナル』第35巻第4号，27-51頁。

今田 恵［1962］『心理学史』岩波書店。

来住元朗［1986］『消費者行動と小売マーケティング戦略』中央経済社。

コトラー，P.，カルタジャヤ，H.，セティアワン，I.［2010］恩蔵直人（監訳）『コトラーのマーケティング3.0―ソーシャル・メディア時代の新法則』朝日新聞出版（Kotler, P., H. Kartajaya, and I. Setiawan［2010］*Marketing 3.0: From Products*

to Cutomers to the Human Spirit, John Wiley & Sons.)。
白石善章［2012］「第１章　地域ブランドの概念的な枠組み―地域ブランドの意味とその開発を求めて」田中道雄・白石善章・濱田恵三編著『地域ブランド論』同文館出版。
杉本徹雄［1984］「歩行パタンの分析」『同志社心理』第31号，7-18頁。
杉本徹雄［2007］「魅力ある商業施設とは―買物行動・購買心理の視点から」『人間生活工学』第８巻第３号，５-８頁。
田中道雄［2014］『中小企業マーケティング』中央経済社。
チョードリー，A.［2007］恩蔵直人・平木いくみ・井上敦子・石田大典訳『感情マーケティング―感情と理性の消費者行動』千倉書房（Chaudhuri, A.［2006］*Emotion and Reason in Consumer Behavior,* Elsevier.)。
永井竜之介・恩蔵直人・大嶋俊之［2016］「消費者の買い回り行動と感情」『マーケティングジャーナル』第35巻第４号，90-104頁。
濱　治世・鈴木直人・濱　保久［2001］『感情心理学への招待―感情・情緒へのアプローチ』サイエンス社。
Blackwell, R.D., P.W. Miniard, and J.F. Engel［2006］*Consumer Behavior*（10th ed.), Thomson.
Russell, J.A.［1980］"A Circumplex Model of Affect", *Journal of Personality and Social Psychology,* 39(6), pp.1161-1178.
Sheth, J.N. and B. Mittal［2004］*Customer Behavior: A Managerial Perspective,* Thomson.
Solomon, M.R.［2015］*Consumer behavior*（11th ed.), Pearson.
Tauber, E.M.［1972］"Why do people shop?" *Journal of Marketing,* 36, pp.46-49.

■執筆者一覧

第Ⅰ部　まちづくり編

田中　道雄	大阪学院大学商学部教授	第１章
濱田　恵三	流通科学大学人間社会学部教授	第２章
中多　英二	中多商業企画研究所所長	第３章
上田　　誠	京都市役所	第４章
栗田　真樹	流通科学大学人間社会学部教授	第５章
名渕　浩史	近畿大学経営学部専任講師	第６章
稲田　賢次	大阪学院大学経営学部准教授	第７章
吉川　祐介	office88経営まちコンサルタント事務所代表	第８章
李　　　為	京都産業大学経営学部教授	第９章

第Ⅱ部　流通編

佐々木　保幸	関西大学経済学部教授	第10章
加茂　英司	大阪学院大学商学部教授	第11章
森脇　丈子	流通科学大学人間社会学部准教授	第12章
渡邉　孝一郎	九州産業大学商学部准教授	第13章
松田　温郎	山口大学経済学部准教授	第13章

第Ⅲ部　マーケティング編

田村　公一	松山大学経営学部教授	第14章
廣田　章光	近畿大学経営学部教授	第15章
平山　　弘	阪南大学流通学部教授	第16章
金丸　輝康	大阪学院大学商学部准教授	第17章
星加　ルリコ	㈱RURIKO PLANNING 代表取締役	第18章
中里　皓一	エヌケーバリューアクト代表	第19章
杉本　徹雄	上智大学経済学部教授	第20章

■編著者紹介

田中　道雄（たなか・みちお）
大阪学院大学商学部教授
主著『商店街経営の研究—潮流・変革・展望』中央経済社，1995年
　　『中国の都市流通』税務経理協会，2003年
　　『まちづくりの構造—商業からの視角』中央経済社，2006年
　　『フランスの流通—流通の歴史・政策とマルシェの経営』中央経済社，2007年
　　『文化保存型のまちづくり—什刹海と大柵欄』創成社，2012年
　　『中小企業マーケティング』中央経済社，2014年

濱田　恵三（はまだ・けいぞう）
流通科学大学人間社会学部教授
主著『街づくりの新たな視角』（共著）中央経済社，1992年
　　『都市商業とまちづくり』（共編著）税務経理協会，2005年
　　『現代の流通と政策』（共著）中央経済社，2006年
　　『まちづくりの論理と実践』創成社，2011年
　　『地域ブランド論』（共編著）同文舘出版，2012年
　　『地域創生の戦略と実践』（共編著）晃洋書房，2018年

佐々木　保幸（ささき・やすゆき）
関西大学経済学部教授
主著『小売商業政策の展開』（共編著）［改訂版］同文舘出版，2006年
　　『現代フランスの小売商業政策と商業構造』同文舘出版，2011年
　　『現代の流通政策』（共編著）五絃舎，2013年
　　『格差社会と現代流通』（共編著）同文舘出版，2015年
　　『フランスの流通・政策・企業活動』（共著）中央経済社，2015年

稲田　賢次（いなだ・けんじ）
大阪学院大学経営学部准教授
主著『地域ブランド論』（共著）同文舘出版，2012年
　　『セールスメーキング』（共著）同文舘出版，2014年
　　『経営戦略論を学ぶ』（共著）創成社，2015年
　　『フランスの流通・政策・企業活動』（共著）中央経済社，2015年
　　『中小企業マーケティングの構図』（共著）同文舘出版，2016年
　　『１からの観光事業論』（共著）碩学舎，2016年

日本社会の活力再構築

まちづくり・流通・マーケティングからの提言

2018年10月15日　第1版第1刷発行

編著者　田中道雄　濱田恵三　佐々木保幸　稲田賢次

発行者　山本　継

発行所　㈱中央経済社

発売元　㈱中央経済グループパブリッシング

〒101-0051　東京都千代田区神田神保町1-31-2
電話　03（3293）3371（編集代表）
03（3293）3381（営業代表）
http://www.chuokeizai.co.jp/

印刷／三英印刷㈱
製本／誠製本㈱

ISBN978-4-502-27581-4　C3034